伟大的思想
GREAT IDEAS

18

论孤独
ON SOLITUDE

〔法〕米歇尔·德·蒙田 著
王元博 译

ON SOLITUDE

by Michel de Montaigne

Selection copyright © Penguin Books Ltd

Cover artwork © David Pearson

Simplified Chinese edition copyright © 2023 by The Commercial Press in association with Penguin Random House North Asia.

All rights reserved.

 "企鹅"及相关标识是企鹅兰登已经注册或尚未注册的商标。未经允许,不得擅用。

封底凡无企鹅防伪标识者均属未经授权之非法版本。

涵芬楼文化 出品

➢ 译者序
阅读与经验、蒙田与普通读者

选集中的十三则随笔,均非文学课上讲授蒙田(Michel de Montaigne,1533—1592年)作品时经常提及或重点解读的篇目,却都与人某种特定的精神状态与情感现象相关:良知、悲伤、摇摆不定、读书的偏好或者退隐生活的孤独。从个人经验的视角从发,本书所涉及的主题更接近普通读者所能理解的范畴。然而阅读蒙田最常见的障碍在于作者与读者知识结构的不同和人生经历的差异。

前者体现在:若对希腊、罗马直至文艺复兴时期的文学与历史不够熟悉,则无法对作者信手拈来引述的材料产生直接的认同与共鸣。蒙田的博学源自他早年充满人文色彩的家庭教育。幼时对拉丁语纯熟的掌握，使他在青少年时期便已流利无碍地熟读了古代最杰出的诗人与历史作家的作品。

从抽象的主题出发，援引大量的历史掌故辅以佐证，行文中穿插、点缀恰到好处的拉丁诗句与格言——这一切对他而言，与其说是后天习得的知识，不如说是自幼熟稔并内化的日常经验的一种，不仅为健全认知格局打下坚实的基础，更是理解人心与世界运转的重要参照。他使用知识的方式，自始至终都更接近心灵力量的自然涌动。

后者往往为人忽视：蒙田出生于信奉天主教的贵族家庭，却因父亲的远虑与修养，被送往邻村的农家寄养，由此养成了质朴无华的生活习惯；而心智上的培育，则更多地体现在被接回城堡以后的生活中，既有"家庭成员只用拉丁语与之对话"与"每日清晨被音乐声唤醒"的精致风雅，又有宽松、无忧的自由成长环境。修辞、戏剧、哲学、法律构成了他日后接受学院教育的主要内容。

蒙田在二十岁出头的年纪进入职业生涯，先后从事过行政、法律、外交等方面的工作，出入宫廷王室、结识时代重要的政治人物，他本人也成为诸多历史事件的见证者与亲历者。然而最值得一提的是，在波尔多最高法院任职期间，他结识了一生的知己——拉·博埃希，在二者的交往中体会到了灵魂与智识完美的契合。随着后者的早逝，蒙田一方面在短暂地耽于肉欲后组建了婚姻与家庭；另一方面，则用书写填补了精神世界中离世者遗留的巨大空白。

除此之外，临近晚境的作家经历病痛的折磨、在旅途中寻求疗愈的可能并进一步增进阅历，尽管随后又复出从政，出任两届市长，但他在这一时期最为关键的活动，依然是隐居城堡后，在出世的生活中长久地静思与写作。流传至今的三卷《随笔集》便是蒙田这段时日工作的结晶，彻底影响了作家身后文学史和思想史的走向。

被童年时理想而诗意的教育浸染出明快、乐观的性格底色，却逐渐走入粗粝、动荡的时代，蒙田的人生容量与际遇之广大、精神与社交生活之丰富，为他提供了取之不尽的素材与用之不竭的经验。蒙田的一生在16世纪的法国度过，孕育他的社会的不同侧面，也因此复现在他个人生命的流转与书写之中。

蒙田一向观察细致且极善思辨。《随笔集》便是我们今天所看到的阅读与经验经过反思和书写后的结晶。普通读者若能洞悉人性的微妙、理解世态的复杂，并能从中提炼出一般性的规律，便可以从"敏锐性"上继承蒙田，尽管在"知识"与"表达"上可能有所欠缺。

而"表达"本身正是蒙田写作的关键所在："我所言说的内容本身不值得期待，重要的是我讲述它们的方式。"（《论书籍》）——蒙田通常被后世认为是随笔写作（essai）的开创者，以及将这种风格运用到极致的典范。与这一文体所完美结合的，正是在内容上尽可能触及足够宽泛、多样的题材，以及形式上高度个人化的、自由的论断。这一名称的拉丁文词源*exagium*，准确地包含了"评判""省思"与"斟酌"三重含义，即这类作品中无处不充斥着的主观性、反思性与试验性。在这里，自我既是书写的主体，也同时是被展示的客体，是自我观照、剖析甚至赏玩的对象。演说家式的雄辩背后所蕴藏的，是观点输出纵向推进的努力；最终呈现出的，其实是思维脉络无尽横向伸展的可能。

但后继者的分析与归纳，终归无法准确还原初创者过剩的天赋与使用这种天赋的自然。不如直接进入文本、跟随作者的脚步，在阅读旅程中走走停停，逐渐熟悉他的口吻和节奏：蒙田真诚而纯朴，亲切又灵动，他总是一时兴起，继而滔滔不绝，同时饱含着趣味和嘲弄。我们不得不承认，出生于16世纪的作者，仿佛同时生活在他所身处的时代之前的所有时代、在他所身处的国度之外的所有国度。他的观念与感受那么新鲜与生动，使他得以继续生活在他死后的所有时代、所有国度。从这种意义上来说，他是真正自由的、不被任何边界条件困缚的人。我们不仅会理解他所呈现的、跟随他所指向的，甚至还能猜出他所隐去或藏匿的，并对他不时看似自嘲、实则自谦的得意莞尔一笑，从而最终体味到他的情致和志趣，对人性产生近乎同样的好奇心。

比如，当他谈论起想象的作用时，就煞有介事地讲述了自己如何运用一套纯属故弄玄虚的仪式来帮助一位伯爵朋友顺利通过新婚之夜的考验。他深知形式上的庄严与古怪会催生出内心的敬畏与深信，并在实践中证实了这一点。又比如,当他论及年龄与人的事业之间的关联时,先指出能自然老死、免遭生命中诸多意外的伤害实属罕见的人生际遇,并由此衔接到他真正的论点上去,即法律不该限制人尽早地从事工作、掌握财富。随后他又从自身经验感发:人的心灵往往在二十岁左右的年纪定型,即便是历史上最伟大的人物,也大多在青年时代便创建了丰功伟绩,后半生都活在早年荣耀的光环里。他对准自己再熟悉不过的立法的弊端,巧妙地把批判隐藏在探讨生命长度的文本背后。再比如在《论愤怒》里,他从子女教育中父亲不能任凭怒火乱施惩戒出发,全面触及了以下与之相关的论点:刑罚只有使用得准确、适度才能产生威慑的效力;人在真正达到愤怒的状态时往往不会大肆宣泄、言行无状,反而呈现出云淡风轻的平静;愤怒常常是一种悦己甚至媚己的情感,怂恿人罔顾事实、一错再错;但同时人也不该过分压抑怒火,那样会导致藏匿在平和、克制表象下的心灵进一步扭曲而自伤更深。

此外,诸如"并非不被情感影响,但他们懂得适度"(《论坚定不移》);"他(上帝)知道我们必会犯错,因为我们想要犯错"(《论勇敢》);"没有什么反驳比轻蔑更为尖锐有力""比起他所做的事,我更在意他为没能做得更糟付出了什么"(《论愤怒》)之类妙语连珠的论断也比比皆是,以至我们,如同他评价自己阅读泰伦提乌斯时的感受那样,"内心早已被他本人的优雅填满"(《论书籍》)。

无论是想要寻求闪光的智慧与犀利的观点本身;还是回顾在文艺复兴时期的法国,人的认知与思考能力已经达到怎样完备的境地;再或者只是想单纯流连于语言和思维本身的游走和发散,蒙田的文本都是一口"不断重新开始而迸发出鲜艳泉流"的源泉。圣伯夫正是这样评价他那总是饱含诗意的、轻松的笔法的,并强调其风格从根本上无法被模仿。毕竟,蒙田如同所有真正的诗人那样,不断地革新着他的时代的语言:承袭古代文学的直接与开阔、纯粹与丰饶,又在粗拙却自由的时代里保持了雅致的持中之态,完美地结合了格言与洞见,并赋予其最为自然而保存无限可能性的形态。对晚年的蒙田来说,书写成了他的存在之姿本身。通过《随笔集》的阅读,我们完成的正是两种存在跨越时空的交汇,随之而来的,便是在文本优雅有力的印记中通向真正自由的路途。"这是一本真诚之书"(《致读者》),蒙田在写给读者的第一句话中,早已蕴含了其作品值得被阅读的全部理由。

译文中出现的拉丁语引文,在每篇随笔中都与前后文过渡得自然不突兀,这是作者有意为之,旨在模糊引文与自述的边界。译文依照这一标准,未完全参考它在原语境中的含义。本书译自1965年伽利玛版《随笔集》,同时保留并参考了企鹅英译本的全部注释;此外,挑取可能影响理解的部分名词进行说明。汉语世界多将 *De la solitude* 一篇译成《论退隐》或《论隐退》,鉴于本篇的题目被用作选集的总题目,及蒙田借供职与隐居两种状态间的比对想要探讨的正是剥离外部环境后的人如何自处的问题,故选择"solitude"一词最普遍、最直接的含义,译作《论孤独》。

王元博

目录

论孤独	1
论书籍	23
论想象的力量	49
论悲伤	69
论坚定不移	77
论恐惧	83
我们的思想如何阻碍自身	89
论良知	91
论愤怒	99
论勇敢	113
论睡眠	127
论年龄	133
我们怎会对同一件事产生全然不同的反应	139

↣ 论孤独

让我们把任职、退隐两种生活状态间由来已久的比较放到一边[1]。至于什么"生来不是为了自己,而是为了公众"[2]之类的说辞,无非是用来掩饰野心和贪欲的漂亮话而已。应该敢于把它留给在任之人,愿他们能叩问良知,想想自己苦苦谋求地位、公职,甘愿承担世间的一切烦扰这些事是否已经背离初衷,其实一心只想着从公共事务中获取私利。我们这个

---

1. 从业生活与隐退生活间的比对,是古代思想家常常触及的论题,后被16世纪的作家们重新挖掘,蒙田提到"由来已久的"是指自己的思考接续这一传统。——译者
2. 伊拉斯谟:《格言集》,第3508条。——原注 [本书注释若无另注,均为原注]

世纪的人对不择手段地达到目的可谓趋之若鹜，结果却往往不尽如人意。不妨这样回应我们的野心吧，说正是它让我们体会到了孤独的况味：孤独所逃避的，不正是社交生活？孤独所寻求的，不正是悠然自在？处处皆可行善，亦能作恶。倘若毕阿斯所言不假，"世间之恶远胜于善"[1]，或如《传道书》中所讲，千人之中找不出一个正直的人[2]——

> 好人难寻，不比忒拜的城门
> 或尼罗河的河口更多[3]，

那么，恶在人群中一旦蔓延开来，是很危险的。因为厌憎恶或屈从于恶，两者必选其一。无论是见作恶者人多势众就去效仿，还是判定恶人与我们不同就去仇恨，两者同样危险。

出海的商人一般会留心同船之人中没有荒淫、渎神、败德之徒。这样做不无道理，他们认为与这

---

1. 毕阿斯原话被数度重新演绎，最出名的版本出自第欧根尼·拉尔修：《哲人言行录·毕阿斯传》。——译者
2. 语出《圣经·传道书》第7章第28句："一千男子中，我找到一个正直人……"蒙田引述时略作改动。
3. 尤维纳利斯：《讽刺诗》，第13首，第26—27行。

类人同行可能会招致不幸。正因如此，当一同遇到海上风暴的同伴们不停向神明祈祷时，毕阿斯打趣道："快住口！别让神明察觉到我跟你们在一起。"

还有情势更为紧迫的一例：葡萄牙国王曼努埃尔一世的印度总督阿尔布克尔克在一次即将遭遇海难的危急关头，将一名小男孩扛在肩上，为的是让他们的命运紧密相连，这样孩童的无辜便可召唤并确保神恩降临，从而帮助他成功脱险。

倒不是说贤哲做不到无论身在何处都能活得惬意，也不是说与廷臣为伍就一定会感到孤独。但毕阿斯说，要是有得选，他会躲开的，他会说自己甚至不屑于多看那些人一眼。如果不得不，他也可以忍受，但如有可能，他还是会躲避。要是还得与别人身上的罪恶相抗争，他会觉得自己更无法彻底摆脱恶了。

加隆达斯会惩办那些被证实常与恶人来往的人，他认为他们同样是恶人[1]。

没有什么比人更不该交往，也没有什么比人更易于交往，前者因为人的罪恶，后者出于人的本性。

在我看来，安提西尼的回应没能使指责他常与

---

[1] 加隆达斯（Charondas），西西里卡塔尼亚立法者，毕达哥拉斯的弟子。参见塞涅卡：《劝慰书简》，第90论第6节。

坏人为伍的人满意。他说，医生常在病人中间，也活得好好的。诚然，医生要帮助病人重获健康，但他也因经常观察、诊治病人而被传染，最终影响自己的健康。

我想，孤独的目的最终只有一个，那就是活得更加自在、安逸。然而我们并不总是能找对路，常常自以为卸下重担，殊不知重担只是改头换面罢了。比如，管理家事所遇到的烦恼不比治理国事少。无论做什么事，都需要全身心投入。不是说治家事小，困难就会变少。再者，即便远离朝堂、不再从商，我们也无法摆脱生命中的主要烦恼。

是理性和智慧为我们驱散烦扰，
而非远离尘世，躲到天涯海角。[1]

野心、贪婪、优柔、恐慌、淫欲，不会因为改变环境就从我们身边消失。

烦忧紧跟着骑士上了马。[2]

---
1. 贺拉斯：《书信集》，第1部第11首，第25—26行。
2. 贺拉斯：《颂歌集》，第3部第1首，第40行。

就算躲进修道院、躲到哲学课堂上去，它们也会一直跟着我们。无论沙漠还是岩洞，粗衣还是斋戒，都无法帮助我们解脱：

致命的一箭仍插在肋间。[1]

别人告诉苏格拉底，有个人去远行，回来后也不见一点儿进步。"不出所料，"苏格拉底回答说，"他毕竟是带着他自己上路的。"[2]

为何去寻找另一片阳光下的土地？
远离故乡后，就能躲开自己了吗？[3]

如不先卸下心灵的重担，迁移只会徒增痛苦。好比船上的货物要放好不动，才不影响人通行。给病人换地方是件有害无益的事。越是折腾病人，就越会加重病情，就像越晃动木桩，它就扎得越深、

---

1. 维吉尔：《埃涅阿斯纪》，第4卷，第73行。
2. 塞涅卡：《劝慰书简》，第104页记第7节；伊拉斯谟译本的普鲁塔克：《道德论丛》，第3卷"苏格拉底"一章，第44节。
3. 贺拉斯：《颂歌集》，第2部第16首，第18—20行。

越牢固。离群、迁居都是不够的,我们应遁世绝俗,然后重新拥有自己。

> 你说自己已经摆脱所有束缚:
> 我们同意,但就像竭力挣破锁链的狗
> 逃脱时,链条仍挂在脖子上。[1]

我们把镣铐戴在自己身上:这不算是彻底的自由,我们还会转身回望曾舍下的一切,脑海中还保留着全部的幻想。

> 若心灵未曾涤净罪恶,
> 贪得无厌的我们又该卷入多少争斗,面临多少危险?
> 被激情折磨的人,同时被尖锐的忧虑和无尽的恐慌撕得粉碎!
> 傲慢、淫欲、愤怒带来多少灾难!纸醉金迷、游手好闲又引来多少祸患![2]

---

1. 佩尔西乌斯:《讽刺诗》,第5首,第158—160行。
2. 卢克莱修:《物性论》第5卷,第43—48行。

生病的是我们的心灵，可它却不能躲避自己，

心灵错在无法挣脱自身。[1]

我们需要引领心灵踏上归途、重回自身：这便是真正的孤独。虽说在城市中、宫廷中也能体味孤独的情致，但显然身处边缘时更容易做到。

既然下定决心独自生活、不再需要他人的陪伴，就该自己决定自己的快乐，摆脱使人产生依赖的种种牵绊，获得超越自身的力量，审慎权衡，独自生活且活得自在、惬意。

斯提尔波躲过焚城之劫，却失去了妻儿和财产。德米特里一世见他脸上毫无惊惧之色，而身后的故国早已化为一片废墟，便问他：难道你不曾感到惋惜吗？他回答说不，感谢神明，他什么都没有失去[2]。正如哲人安提西尼开的那个玩笑：人该储备一些能浮在水面上的食物，这样沉船之时便可游泳逃生[3]。

对明智之人来说，只要自己还在，便一无所失。

---

1. 贺拉斯：《书信集》，第1部第14首，第13行。
2. 塞涅卡：《劝慰书简》，第9论第18节。
3. 第欧根尼·拉尔修：《哲人言行录·安提西尼传》，第6卷第1章。

诺拉城覆灭于蛮族之手时，时任主教圣保林已经失去一切、沦为囚徒，他向上帝祈祷："主啊，别让我为失去含恨，因你知真正属我的尚未被触及。"[1] 使他内心充盈的财富，使他成为良人的善行，都完好无损。

这正是选对了宝藏，便可免遭劫难；这也是将宝藏藏对了地方，没有人能找到，除了我们自己，没有人会暴露它的所在。娶妻生子、积攒财富是必要的，如有可能，更该拥有健康的体魄，但也不能过度依赖于此，把幸福完全寄托在这些因素之上。应该保留一处完全属于自己的地方，像商铺的后间那样，我们可以在里面建立真正的自由，以及最重要的——真正的退隐和孤独。同样，在这个地方，我们应该每天都与自我对话，全然私密，任何外在的往来和交流均不会在此出现；还应该尽情说笑，仿佛没有妻儿、没有财产、没有随从也没有仆役，这样做是为了即使有一天不得不失去他们，我们也能安之若素。人的心灵变化多端，它可以与自己做伴，进可攻，退可守，既能接受，也能付出。所以

---

1. 圣奥古斯丁：《上帝之城》，第1卷第10章。

不要担心孤独会使我们无所事事、百无聊赖:

要在孤独中,做自己的人群。[1]

安提西尼说美德是自足的:无须纲纪约束、无须言语描绘、无须效果佐证。

我们平日里的行为,千件中都怕是找不出一件真正关乎我们自己。你看这一位,怒火冲天、情绪失控,冒着枪林弹雨爬上早已化为废墟的城墙;而那一位,伤痕累累,饿得脸色苍白、动弹不得,却宁死不肯给他开门。——你觉得他们这么做是为了自己吗?他们在盲目地为着某个素未谋面的人,此人正逍遥自在、寻欢作乐,对他们的举动毫不在意。再看这位,鼻涕、眼屎不擦干净,浑身污垢、肮脏不堪,午夜过后才合上书页,你以为他是在书中寻求使自己变得更为正直、自得、明智的方法吗?你错了。日后他若不能教后生辨析普劳图斯诗句的韵脚,或拉丁词的正确拼写,就是死在这故纸堆里。名望和荣誉,是世间通行的最为无用、缥缈、虚假

---

1. 提布鲁斯:《哀歌》,第4卷第13首,第12行。

的货币，然而有谁不想得到它们呢？——哪怕以牺牲健康、休息甚至生命为代价换取。我们自己的死亡还不够我们担心，还要为妻儿、侍从的生命负责；我们自己的事还不够操劳，还要为朋友、邻里的生活心烦意乱、殚精竭虑。

> **怎么！竟有人内心里**
> **偏爱外物胜过自己？**[1]

依我看，对像泰勒斯那样把最好的年华奉献给世人的人来说，选择功成身退是显而易见且合乎情理的做法。

为别人而活的时日已经太久，如今站在生命的尽头，也该为自己而活了。今后多考虑自己，制定规划时也以安逸为首要目标吧。安然隐退并非易事，单是能做到这一点就需要消耗相当多的精力，遑论其他。既然上帝允许我们自行决定搬离与否，那就做好准备，收拾行装，早日与亲友辞别，避开那些会使我们分神、失去自我的可怕陷阱。摆脱义务的

---

1. 泰伦提乌斯：《孪生兄弟》，第1幕第1场，第13—14行。

束缚，往后的日子尽可随心所爱，却只需忠于自己。换句话说：外物虽有可能为我们所有，但切勿过度依赖、缠结，不要到不连皮带肉地从我们身上撕下来就无法剥离的地步。世上最重要的事，是学会为自己而活。

既然不再能为社会效力，也就到了彼此分别之时。不再能给予者莫索取。若是力不从心，不如把力气收回来用在自己身上。谁能用为亲友效劳的那份心善待自己，就一定要这样去做。只是如此一来，衰败的我们，对旁人来说，便成了无用、累赘、惹人厌烦的存在，但只要自己不觉得自己讨厌、累赘、无用就好。可以讨好自己、爱惜自己，但更重要的是管好自己，敬畏理性和良知，不要在两者尚存的前提下毫无廉耻地犯错，"鲜有足够自重者"[1]。苏格拉底说，年轻人该接受教育，成年人该充分施展才能，老年人则该远离一切民事军务，归隐遁世，不出任任何公职。

有些人的资质比其他人更适宜听从这些关于退隐的训诫。比起素来积极、忙碌、面面俱到，对万

---

1. 昆体良：《雄辩术原理》，第10卷第7章。

物敞开胸怀、满腔热忱,面对任何机遇都勇于尝试、主动承担并愿献出一切的人,上述忠告更容易被生性迟缓、优柔、胆怯,情绪敏感、意志薄弱,不愿轻易顺从、难以尽职尽责的人所接受。我自己,无论出于天性还是理性评估,都属于后者。对不期而至的身外之福,若能令我们欢欣,都该尽情享用,但这并非我们存活于世的主要理由,感性和理性都不该允许。怎能违反天性,让内心的快乐听凭他人决定?

放弃唾手可得的幸福,渴盼命运偶然的垂顾,是许多虔诚之徒,及个别善于思辨的哲人的做法,他们自食其力、睡硬床、自毁双目[1]、把财物纷纷扔进河里[2]、主动寻求痛苦(前者坚信此世的磨难能够换取来世的至福,后者认为身处最底层便不会再跌低),这是一种走向极端的美德。天性刚强不屈的人甚至能让隐蔽之所荣光闪耀、垂范于世:

> 若身无分文,我便安于微末,
> 称颂我所拥有的,虽微薄却可靠;

---

1. 此处影射德谟克利特。——译者
2. 此处影射克拉特斯。——译者

若有朝一日，受命运庇护而飞黄腾达，

那时我会宣称，只有建立在大量家产之上的命运才合乎情理，才能带来幸福。[1]

对我来说，不需要想到那么远，眼前的事已经够多了。在顺境中做好面对逆境的准备；在安逸中尽量去想象不幸到来时的情形，这就足够了。一如我们要习惯比武、竞技，借此在和平年代模拟战争。阿尔克西拉乌斯家财万贯，平日里使用金银器具。可我并不认为他这样做是思想不够革新的体现。他大大方方地使用，且合理适度，比全然弃之不用更令我钦佩。

我很清楚人日常需求的最低限度在哪里，并常常觉得家门口的乞丐比我快乐、健康得多。我会站在他的角度，让自己的心境尽量更贴近他一些。以同样的方式观察过其他人后，再想到近在咫尺的死亡、贫困、轻蔑和疾病，我决心不再那么害怕了，毕竟身份地位不如我的人都能如此坦然面对。我不信智识低下之人会胜过精力充沛之人，更不信思辨

---

1. 贺拉斯：《书信集》，第1部第15首，第42—46行。

的效果会不及习惯的力量。我深知外物带来的安慰不会久留，充分享乐的同时不忘祷告上帝，祈求他帮我实现最高的追求，即能对自己、对所拥有的一切感到满意。我见许多健壮的年轻人随身携带大量药丸，放在行李箱中，以防突患感冒，有解药在手就不必那么担忧了。这样做很对，若是觉得自己易患某种重病，就更需要常备一些能减轻甚至消除症状的药品。

隐居生活中的日常消遣不该繁重无聊，不然主动选择这种生活的意义何在？至于具体要做什么，则取决于个人兴趣：比如我自己就完全不善料理家事。也有人喜欢做这些，但不要过度沉湎。

应该让事物依从于人，而非人依从于事物。[1]

否则料理家事就如撒路斯提乌斯[2]所说，变成了"一项奴役"[3]。不过，痴迷其中的某些环节则情有可

---

1. 贺拉斯：《书信集》，第1部第12首，第12—13行。
2. 撒路斯提乌斯（Gaius Sallustius Crispus），古罗马著名政治家、历史学家，著有《喀提林阴谋》《朱古达战争》等。——译者
3. 撒路斯提乌斯：《喀提林阴谋》，第4章。

原，例如经营园艺，据色诺芬记载，居鲁士尤爱照料花园[1]。我见有些人全心投入这项低贱、卑下、紧张、费神的劳作中去；另一些人则听之任之，表现出全然、彻底的漫不经心。或许可以找到一种折中的方式，

>德谟克利特任由牲畜啃食耕地他的心神早已脱离身躯，飘向远处。[2]

让我们听听小普林尼给朋友科内利乌斯·鲁弗斯关于孤独的建议吧："既然已经隐退，并拥有充裕的时间，我建议你把低下粗贱的家务交给用人料理，你自己则潜心钻研文学，从中汲取一些完全属于你的东西。"他指的是声名，这与西塞罗的心境相似。后者说自己卸下公务后，想充分利用孤独、退隐的生活著书立说，凭文章流芳百世！

>怎么？你的学识，会因不为人知

---

1. 西塞罗：《论老年》，第16章第59节。
2. 贺拉斯：《书信集》，第1部第1首，第19行。

而变得一文不值吗?[1]

既然我们在讨论遁世隐居,以出世之姿看待事物似乎才是合理的做法;这些人只做到一半。他们把远离俗世后的一切也都安排好了,明明人已不在那个世界,却仍想从中收获当前计划的果实,多可笑、多矛盾。

有些虔诚的信徒会主动寻求孤独,他们内心对天主关于来生的许诺坚信不疑。相比之下,这样的想象要合理得多。因为他们渴求的对象是上帝,全善全能、无限完满的存在,在他那里,人内心的一切欲望都能得到满足。因此,对他们来说,磨难、痛苦的到来变得十分有利,它们将换来永恒的健康和幸福;死亡,也就如愿变成了通往至福的阶梯。一旦形成习惯,戒律的严苛将立时不复存在;而肉欲,因长久被人拒斥,则早已废弃、沉睡,毕竟这种欲望只有通过不断实现才能保持。若是以来世的幸福和不朽为目标,今生的甜美和舒适就值得我们真心实意地舍弃。谁的信仰和希望足够热忱、足够

---

1. 佩尔西乌斯:《讽刺诗》,第1首,第23行。

浓烈，谁的灵魂之火燃烧得真实而持久，谁就能在孤独之上建立一种饱含快感的、精美的生活，而这种生活将远胜其他一切。

小普林尼的这番忠告，其目的及其方式，都不能令我满意：事情总会变得更糟，起先只是发热，而后便高烧不退。跟其他消遣相比，沉迷读书一样有害、一样会成为健康的敌人，这一点是要首先考虑清楚的。绝不该过度沉溺，被阅读的快感麻痹，别忘了正是这种快感毁掉了那些勤于持家、贪婪吝啬、耽于肉欲、野心勃勃之辈的余生。

智者常常教导我们不要被欲望反噬，注意区分真正的、纯粹的快乐与掺杂着更多痛苦的快乐。他们还说，世上的大部分快乐撩拨我们、亲近我们，最终只是为了扼死我们——就像埃及人口中的"腓力斯丁人"常做的那样[1]。倘若醉酒之前就已经感到头痛，我们便不会过饮。为了蒙蔽我们，快感常常走在最前面，把随之而来的其他小心藏好。书籍使人愉悦，但如果读书太多会让我们失去最为宝贵的快乐和健康，那还是别读了。反正我认为这样做是

---

1. 塞涅卡：《劝慰书简》，第51论第13节；腓力斯丁人（《圣经》中以色列人的敌人——译者）常被当作杀手、刺客。

得不偿失。

有些人常年感到身体不适、虚弱无力，最后不得不求医问诊，制定一套生活中需要严格遵守的清规戒律，绝不逾越：倦世、归隐之人亦当如此，在理性的指引下建立一种孤独的生活，要事先谋虑、合理推演、精心安排、仔细规划。同时辞去一切劳作，无论它以何种形式出现，远离所有会扰乱身心安宁的情感，选择更贴合心性的道路——

各有所好，各选其路。[1]

家事、学业、狩猎及任何其他活动，无论去做哪一件，都该从中获得最大限度的乐趣；但不要过多卷入，应在劳苦可能掺杂进来之前及时收手。保留适量的工作和消遣活动是必要的，哪怕仅仅是为了帮助我们保持状态，以免陷入另一种极端，即松懈、昏沉的闲散状态带来的不适。

有很多学问艰深而乏味，大部分又为世人所设

---

1. 普罗佩提乌斯：《哀歌集》，第2卷第25首，第38行。——原注
   蒙田已经在前面的正文中大体说出这句话的意思，而后又引用了一次拉丁原文，译文保留两者，略作调整。——译者

立：就把它们留给还在世间效力的人吧。我唯爱有趣、简单、读了快乐的书，或是能劝慰我、指引我参透生死的书。

> 悠然漫步林间，空气宜人清新
> 如贤哲、义士般陷入无尽遐思。[1]

更为贤明之人能让自己获得纯粹精神层面的休息，他们的灵魂蓬勃有力。而我则未能脱俗，还需借助身体的愉悦支撑自己；只不过，随着年龄的增长，曾经最钟情的享乐几乎被悉数窃取，我也在不断调整、重新激发自身的欲望，使之更适应人生的暮年。我们应该爪牙并用，牢牢抓紧人生的欢愉，岁月正从我们手中将它们一件接一件地夺走：

> 趁现在，采摘甜美的欢愉；我们的生命只属于自己今后，你会变成灰烬、暗影、后世口中的传言。[2]

---

1. 贺拉斯：《书信集》，第1部第4首，第4—5行。
2. 佩尔西乌斯：《讽刺诗》，第5首，第151—152行。

至于小普林尼和西塞罗向我们描绘的有关荣耀的图景，那并不在我的考虑范围之内。野心是退隐最大的敌人。荣耀与休憩不能并存。在我看来，他们只是把四肢伸到红尘外罢了；心灵和意图却卷入得比从前更深。

语无伦次的老鬼，别人不听你说，你就活不了了吗？[1]

他们选择后退无非是为了跳得更远，为了以更强的势头跃回人群。

想知道他们是如何失之毫厘的吗？且看另外两位哲人的观点如何与之形成鲜明的对比。这两位哲人，尽管分属不同的流派，却不约而同地写信给挚友（一位[2]写给伊多梅纽斯、另一位[3]写给小卢西利乌斯），劝他们舍弃丰功伟业、远离尘世，去过一种孤独的生活。信中这样写道：

---

1. 佩尔西乌斯：《讽刺诗》，第1首，第19—20行。
2. 指伊壁鸠鲁。
3. 指塞涅卡。实际上，蒙田阅读了塞涅卡写给小卢西利乌斯的《劝慰书简》，该书简中，塞涅卡提到伊壁鸠鲁与伊多梅纽斯的通信。可以说这一段论证的主要灵感源自塞涅卡。

在大海中漂浮的生活过到今日，是时候考虑在港口停下以迎接生命的终点。人生多半已在光芒中度过，余下的时日不如交给暗影。只要还想从中收获果实，便无法真正割舍对事业的追求；正因如此，请不要再为声名和荣誉挂怀。沉迷于往昔的荣光不能自拔，甚至使隐蔽之所也被其照亮，这是十分危险的做法。将这种源自旁人赞赏的快感同其他快感一并舍弃吧。至于你的学识与才干，别担心，它们既曾帮助你自我完善，今后也不会失去效力。要记住，曾有人被问："花费大量心血打磨一项几乎无人知晓的技艺是为何故？"那人回答说："鲜有人知，便已足够；只一人知，亦当满足；不为人知，又有何难。"——他所言不虚：有一人相伴，你们可以成为彼此的舞台；只有自己，就成为自己的舞台。让众人之于你如一人，一人如众人。在闲散、幽闭的生活中依然渴望荣光，是一种卑劣的野心。应该像动物一样小心抹去洞口的足迹。别再希求你的名字仍流传于世人口中，而是应该与自己对话。回归自身，但首先要做好接纳自己的准备；因为若不能管理好自己，盲目自信就变成了疯狂的举动。独处也有可能犯错，跟在社会生活中没有两样。让自己变成值得自己敬畏的人，自尊自重，"脑海中充满高尚的言行"[1]，常以加图、福基翁、阿里斯提德为榜样自省自勉，在他们面前，连疯子都要掩饰好自己的过错。让他们监督自己的每一个意图：一旦出了问题，对他们的崇敬会帮助我们重回正轨。

他们将确保我们一直行进在正确的道路上：自给自足、不假外求、让心灵安于探寻有限的问题并自得其乐；明白什么是真正的财富，领会的同时充分享用它们，并不再奢求更多，更不会妄想延长生命和名望。

这便是真诚质朴的哲学给出的建议，远非小普林尼和西塞罗那种夸耀、卖弄的哲学所能相比。

---

1. 西塞罗：《图斯库卢姆辩论》，第2卷第22章，第52节。

➤ **论书籍**

 　　我毫不怀疑,自己经常谈论的话题,若是交给相关领域的权威来谈,会得到更充分也更真切的解读。我在此处写下的试笔,纯属天性自然流露,而非后天习得的才能;倘若有人指出我因无知犯下的错误,也并非是在针对我本人,因我几乎不能向任何人,包括我自己,保证我的论述定会确凿无误;对这一点,我甚至谈不上满意。如果有人前来寻求知识,怕是找错了地方:我向来不以知识自我标榜。这里悉数是我的幻想,我借此力图呈现的,并非如何去认识事物,而是认识我自己:这些事物,终有一天将被我在无意中领会;又或许从前我曾有所体悟,那时命运曾带我抵达一些地方,一切曾清晰明朗，但我再也无法记起。我是读过一些书，但都已经忘得差不多了。

因此，我无法向读者保证任何事，这里所能展现的，只有此刻我的知识累积到了什么程度。我所言说的内容本身不值得期待，重要的是我讲述它们的方式。至于我所引述的格言，读者可以留心我选出的语句，是否能使主旨变得更加鲜明。当我发现自己言语贫乏、才智尚欠，因而无法很好地表达我的思想时，便会请旁人代我表述。我使用引言，重质而不重量。若我只想做出旁征博引的姿态，其数量恐怕至少是现在的两倍。除极少数句子外，它们绝大部分出自古代名家笔下，这些作者无须我介绍，他们早已广为人知。我把其他人的推理和创意移植到我的土壤里，与我的行文融为一体，有时甚至故意隐去原作者的名字，就是为了避免鲁莽冒失之辈对我的作品妄下评断。这类人无论读到什么类型的文章都要大肆批评一番，对那些还在世的、年轻的、不用拉丁语写作的作家更是毫不手软，好像世俗作家就该被所有人议论，世俗作品的立意就一定会很平庸似的。我希望他们自以为指着鼻子羞辱我时，实际上是在攻击普鲁塔克；还希望他们错把塞涅卡当成我来咒骂从而引火烧身。我要把自己的不足隐藏在先贤的名望里。若有人拥有明晰的洞见、仅凭语言的美和力量便能捕捉到风格上的不同，从而看穿我的把戏，那会令我感到欣喜。我生性健忘，始终没能做到根据出处将引言分门别类。但在衡量过自己的能力后，我很明确地感知到，我的土壤不配开出我移栽在那里的花朵，它们如此馥郁芬芳，即便奉上我曾收获的全部果实都不足以换取。

如果文章中存在思绪混乱的段落，或掺杂着虚妄、堕落的言辞，而我对此毫无察觉，或者呈现它们时未曾留心，那么我必将对此负责。错误常常逃过我们的眼睛，但若已经有人清楚指明，我们却依旧视而不见，这便是判断力出了问题。我们可以在不具备判断力的前提下掌握知识和真理，反之亦然。我甚至觉得，能够认识到自己的无知是具备判断力最美好也最可靠的证明。

除了命运的偶然，没有其他长官负责编排我的这些篇目。种种幻想在脑海中纷杳而至，我将它们全部积攒起来；有时它们成群结队地出现，挤作一团，有时则晃晃悠悠地到来，排成一列。我希望别人看到我的步伐是自然平常的，即便有时会失序也无所谓。我任凭自己跟着感觉走；但这不是说我此刻想探讨的主题就可以被忽视，盲目轻率地谈论它们也是不被允许的。我想对事物拥有更完备的认知，却不愿因此付出高昂的代价。我的计划是从容悠闲地度过余生，而非继续生活在辛勤劳作里。我不愿再为任何事绞尽脑汁——包括知识——无论它多么珍贵。我在书中只想找到一些可供自娱自乐的消遣。如果我还想继续钻研什么，大概只有能教会我认清自己和看破生死的知识：

> 我的马汗流浃背、一路飞驰，为的正是抵达那个目标。[1]

我不会为阅读过程中遇到的困难搜肠刮肚。思考一两次若还是没有头绪，便就此作罢。执着难免导致迷失，且浪费大量时间：我是遇事不假思索之人。第一次看不得其解，坚持下去恐怕会更加迷惑。

我不做无趣的事；太过坚定和努力会蒙蔽我的判断，使之变得伤感、疲倦。原有的观点也会在这

---

1. 普罗佩提乌斯：《哀歌集》，第4卷第1首，第70行。

一过程中消融直至隐没。不妨先收回目光,然后试着重新聚焦:正如别人告诉我们的那样,想要辨别红布的光彩,需要先将视线定格在布料上方,然后从各个角度扫视,在不断重复的过程中,每一次凝刻不同的观感。

要是这本书不能带给我快乐,那就去捧起另一本;只有无所事事的烦闷来袭时,我才醉心于阅读。我不喜欢当代作者的书,古人的作品在我看来内容更为丰厚、文风更为紧致;但我不看希腊作家的书,在我年纪尚浅、仍是学徒的那段时光里,我的判断力和见识还不足以培养出更成熟的品味。

有些书是纯粹的好看,其中现代作者的作品,如薄伽丘的《十日谈》、拉伯雷的小说,以及约翰尼斯·塞昆德斯[1]的《吻集》,如果不得不将他们归于此类,我认为都是值得一读的。至于《阿玛迪斯》[2]之流的作品,甚至难以吸引童年时的我。我还要说的是,

---

1. 约翰尼斯·塞昆德斯(Johannes Secundus),荷兰人文主义者,现代拉丁语诗人,尤擅哀歌的写作,最著名的作品《吻集》,受卡图卢斯影响很深。——译者
2. 即《高卢的阿玛迪斯》(*Amadís de Gaula*),中世纪著名骑士小说。——译者

尽管会显得过于放肆、失之轻率，但对于我这颗苍老、沉重的心来讲，亚里士多德已经不再能引起我的兴趣。奥维德更是如此，他简单流畅的叙事和天马行空的想象，曾让幼时的我心醉不已，可如今我对他兴致索然。

我对形形色色的事物自由地发表着见解，包括那些超出我能力范畴，甚至是我自认为无权管辖的领域。通常，我对一件事的看法反映的不是事物本身的价值，而是在展现我自己的观点。比如说我厌恶柏拉图的《阿克西奥库斯篇》，我觉得这是一部苍白无力的作品，尤其考虑到它的作者是何等人物，但我并不全然相信自己的判断：我还不至于蠢到要去挑战古代名家的权威，毕竟他们的真知灼见曾令我深受启迪。我宁愿自己判断失误。我责备自己、怪罪自己：是我太浮于表面，没能看透事情的本质，又或者是我在以一种错误的眼光看待问题。我想，对于判断力来说，只要没陷入杂乱失序的境地就好，若有什么不足，我也一定能充分意识到并绝不会矢口否认。至于观念中所呈现的种种现象，我都想给出合理的诠释，但仅凭表象得出的结论往往过于单薄且不够完善。伊索的绝大部分寓言都包含几层寓意和几种不同的理解方式。评注者往往只截取一面，给出一种阐释，尽管符合故事的教益，但大多数情况下都只停留在最初始、最表层的印象。还有其他更生动、更本质，也更内在的解读，可他们不曾深入钻研：而这正是我要做的。

沿着我的思路继续前行，我始终认为，维吉尔、卢克莱修、卡图卢斯和贺拉斯是诗歌领域第一流的人物，远在他人之上：尤其是维吉尔的《农事诗》，在我看来已经达到诗歌最完备的境界。相比之下很容易看出，作者当初如果有更多时间，本可以对《埃涅阿斯纪》中的某些段落进行一次梳理。依我之见，《埃涅阿斯纪》的第五卷最为完美。我同样很欣赏卢坎，读起他的书便不忍释卷；比起他的文笔，更吸引我的是作者本身的才华以及他诚恳的观点和精准的判断。至于了不起的泰伦提乌斯，他的拉丁文优美雅致，生动地再现了我们的心灵活动和道德风尚，令人赞叹不已。看到今人的种种行为总会让我想重读他的作品，且无论读多少次，都能发现新的美和意义。

略晚于维吉尔时代的人抱怨竟有人将卢克莱修与之相提并论，我的意见是：这的确是一种不对等的比较；但当我被卢克莱修最动人的篇章深深吸引时，不得不承认这样说确有一定道理。如果仅这一比较就足以令他们气急败坏，那今人将阿里奥斯托与之相媲美，对这种近乎未开化的愚蠢，他们又该怎么说？阿里奥斯托本人又该怎么说？

啊！粗劣庸俗的时代！[1]

比起把卢克莱修与维吉尔并提，我倒是觉得古人有更多可以抱怨的理由：那时的人将普劳图斯与泰伦提乌斯（他不仅是有贵族气质那么简单）混为一谈。后者如今为人称道、享有盛誉，罗马雄辩之父[2]的推崇可谓功不可没，他总把泰伦提乌斯的名字挂在嘴边，认为他的才华举世无双。罗马诗人的第一判官[3]为挚友所下的定论起到了同样的作用。

今人摘取三四段泰伦提乌斯或普劳图斯作品里的主要情节，就敢创作一部新的喜剧（意大利人精通此道），总让我觉得不可思议。又或者你可以在他

---

1. 卡图卢斯：《哀歌》第43首，第8行。
2. 指西塞罗。——译者
3. 指贺拉斯。——译者

们的一部剧作中找出五六篇薄伽丘的故事原型。他们如此依赖素材,恰恰说明对自己是否有能力持续吸引观众这一点缺乏信心,因此不得不依托于外物:既然原创的部分不能俘获我们,就只好指望故事情节能带给我们一些乐趣了。这跟我正在讨论的作者全然相反:泰伦提乌斯的言说方式如此完美无瑕,以至我们不再关心他所探讨的主题,而是为他无处不在的亲切可爱所折服;他简直没有一个地方不讨人喜欢,

> 如同一条清澈的河流[1],

我们的内心早已被他本人的优雅填满,甚至忘记了故事情节的魅力。

我由此想到更多:比如古代大诗人总能避免自己变得矫揉造作,不但没有西班牙文人和彼特拉克信徒那种难以置信的浮夸,更不像后代诗歌作品那样,几乎篇篇都点缀着委婉含蓄的讽刺。没有一位公正的评论家会在以上方面指责古代作者,更不会

---

1. 贺拉斯:《书信集》,第2部第2首,第120行。

放着卡图卢斯一贯清新流畅、落笔生花、可谓无出其右的短诗不读,转而去欣赏马提亚尔作品结尾惯有的几句辛辣讽刺。个中原因与我刚刚说过的一样,正如马提亚尔评价自己的那句话:"**他无须再做出努力,立意的重要性取代了才智。**"[1] 前一类作者不必虚张声势,便能让人感同身受,他们的幽默感随处可见,无须调笑自己;后一种则极度依赖外物,才智不够就需要更多的情节来补足。他们必须上马,因为自己的双腿不够有力。就如同舞会中那些教人跳舞的人,因技艺欠佳而无法再现贵族端庄的仪态,便只好以危险的腾挪、杂耍艺人般怪异的动作赢得青睐。有些舞蹈要求身体不停晃动,摆出种种复杂的造型;另一些舞蹈仪式感更强,只需缓步前行,展现真实的仪态和平日里的优雅;对于贵妇们来说,前一种反而更容易做到。我还见过杰出的喜剧演员换上寻常的服饰,以平凡的举止便能展现十足的风趣,让我们开怀畅笑。而新人和技艺平平之辈,只能涂脂抹粉、乔装打扮、靠粗鲁的动作和怪象试图逗我们发笑。

---

1. 马提亚尔:《短诗集》,给图密善的献辞。

我的这种想法，在《埃涅阿斯纪》与《疯狂的罗兰》[1]两部作品的比较中体现得比其他任何地方都更为明显。我们仿佛看见前者振翅疾飞，姿态坚定而高远，始终朝向同一目标前进；而后者只在半空中飞舞，从一个故事跳到另一个故事，像鸟从一根树枝跳上另一根树枝，坚信自己的翅膀只能够应付短途飞行，生怕无法喘息或用尽力气，

它飞一飞就得停下来。[2]

这类题材的作品中，我最钟爱的作者便是以上提到的那些。

我还会阅读另一种类型的作品，尽管同样充满乐趣，但从中得到的收获会略多一些[3]，它们能帮助我整理心绪、调整状态，其中最有助益的是塞涅卡和被译成法文的普鲁塔克[4]。他们的作品明显更符合

---

1. 《疯狂的罗兰》(*Roland furieux*)，阿里奥斯托著，16世纪骑士文学作品，以查理大帝与萨拉森人之间的战争为背景。——译者
2. 维吉尔:《农事诗》，第4卷。
3. 化用贺拉斯:《诗艺》，第343行。
4. 这里指16世纪法国主教、翻译家雅克·阿米欧（Jacques Amyot）翻译的《希腊罗马名人传》，享有盛誉。

我的秉性：我在书中寻求的知识都被分割成一段段不连贯的碎片，免去了长时间钻研的必要，而这种事情我恰好做不到。就像普鲁塔克的《道德论丛》和塞涅卡的《劝慰书简》那样，分别是他们最优美且最富教益的作品。阅读前不用做大量的准备工作，可以随看随停，书的前后篇章也并不衔接。两位作者有关立身处世的绝大部分观点常常不谋而合，他们的命运也有诸多相似之处：出生在差不多同一世纪、都做过罗马皇帝的教师、都来自异乡、都强大而富有。他们的教诲都是哲学史的精华，且都以一种简朴而恰当的方式呈现出来。普鲁塔克始终如一，更为坚定；塞涅卡反复无常、更显多样。后者时刻紧绷、不遗余力地强化美德的力量来抵御软弱、恐惧，以及种种邪恶的欲念；而前者似乎不认为这些罪恶拥有如此强大的力量，不屑于为此加快脚步、提高戒备。普鲁塔克是柏拉图主义者，观念温和而适应社会生活；塞涅卡则是斯多葛主义者、亲近伊壁鸠鲁的学说，因此更加超凡脱俗，但依我看更适合修身也更加坚实。对他那个时代皇帝的专制，塞涅卡似乎在一定程度上屈服了。我确信他谴责刺杀恺撒的义士并非出自本心，而普鲁塔克自始至终都是自由的。塞涅卡妙语连珠、充满讽刺；普鲁塔克包罗万象。塞涅卡更令人振奋、感动；普鲁塔克更令人满足、最终受益更多。他引领我们，而塞涅卡推动我们。

西塞罗的作品中最合我意也最有帮助的是他的哲学著作，尤其是有关道德哲学的那些。但如果能大胆地表明心迹的话（既然已经迈过廉耻的边界，便也没有什么限制了），我会说，他的写作方式在我看来十分无聊而且重复。前言、定义、论题细分、词源辨析占据了大量篇幅；导致最鲜活、最精华的部分被繁杂冗长的铺垫淹没。如果我花一个小时阅读他的作品（对我来说已经是相当长的时间了），然后再试着回想、总结书中的要点和精髓，大部分时候我会觉得一无所获：因为他仍未展开切题的论述，更不曾触及我所关心的重点。我只求自己变得更加明智，而非更加广博和雄辩，逻辑性强的、亚里士多德式的布局谋篇对我无效：我希望作者一开始就能说明结论。有关死亡和肉欲的本质这类问题，我已经听过太多论述，再去剖析这些概念只会让我觉得无趣：我想一上来就看到能教会我抵御它们的切实可行的方法。语法上的细致幽微、精巧独到的章法结构都不能解决这一问题。我希望论述能做到开宗明义，直接解决读者最强烈的困惑：西塞罗的作品迂回无力，如同锅边的雾气，盘旋过后便渐渐消散。它们也许更适合授课、庭审、布道之类的活动，毕竟我们总是在这些场合瞌睡，睡上一刻钟醒来后还能接上之前的思路。无论对错，我们需要像这样有理有据地说服法官才能胜诉；对小孩或平民讲道理，通常要把话说得一清二楚，看是否能奏效；我不喜欢别人想尽办法让我集中注意力，像传令官一样连喊五十次"喂，听着！"。罗马人在宗教活动中习惯喊"注意！"，而我们要说"振作起来！"，这些在我看来都是废话。若没有提前做好准备，我便不会前来；不需要用诱饵或调料来吸引我，我完全可以吃生肉的；想用这些铺陈和前菜激发我的欲望，反而会让我感到疲惫、扫兴。

时代的宽纵或许能为我的胆大妄为辩白：我认为柏拉图的对话拖沓而沉闷，极大程度上掩盖了真正的主题。像他这样一个人，本可以有无数更精彩的发言，却把时间都花费在冗长、空洞、铺垫性质的对话上去了，很是可惜。也许是我过于无知，但我丝毫领略不到他的语言的美。

我想要阅读的,是直接运用知识的书,而不是在书中搭建知识。

上述两位[1]加上老普林尼,这一类作者没有任何"注意!";他们期待读者能做好提醒自己的准备;或者,如果这类言辞在他们的作品中出现,那一定是言之有物的"注意!",能自成一体。

我也会主动翻看西塞罗的《致阿提库斯书》[2],不仅因为它广泛记录了时代的重大事件、蕴含着丰富的历史知识;更因为能从中窥见作者的真实性情。我在别处说过[3],阅读时,我对作者本人的心灵和基本观念感到尤为好奇。他们在世间剧场里陈列的是他们的作品,我们可以据此评判他们的才能,却无法探知他们的习惯和人格。

我无数次为布鲁图斯那部美德之书的散佚感到惋惜:能从知行合一的人那里学习道理,该是多么美妙的事情。既然布道和布道者不是一回事,那么在普鲁塔克的书中看到布鲁图斯和在布鲁图斯本

---

1. 指普鲁塔克和塞涅卡。——译者
2. 然而蒙田在《随笔集》第1卷第39(即本书中的《论孤独》)、第40(《论西塞罗》)两篇中均表达过对该作品的批评。——译者
3. 指《随笔集》第2卷第31章(即本书中的《论愤怒》)。——译者

人的书中看到布鲁图斯,让我感到同样开心。比起战争当天在全军面前的讲演,我更想知道前夜他在营帐中与密友闲谈的内容;比起在广场上和元老院中的言谈举止,我更好奇他在书房、卧室里的一言一行。

回到西塞罗,我同意大多数人的观点,即除了学识渊博,他的心灵并无其他过人之处:他是合格的公民,天性温厚,乐观的胖子大都如此,他也不例外。然而疏懒怠惰、野心虚荣,他样样都有,而且说真的,不止一点儿。他竟然认为自己的诗作值得发表,我不知道该怎么为他开脱。诗写得不好不是多么严重的过错;他的问题在于,他竟判断不出这些烂诗会对他的名誉造成多大损伤。至于他的雄辩之才,绝对称得上无人能及,我相信这种才华也一定后无来者。除了名字,小西塞罗与父亲并无任何相似之处。督管亚洲那段时间里,他在一次宴饮时发现同桌有几位宾客他并不认识,其中就包括坐在最末端的塞斯提乌斯[1],大户人家大摆宴席时常常有人这样溜进去蹭吃蹭喝。小西塞罗询问一名随从

---

1. 塞斯提乌斯(Lucius Cestius Plus),拉丁语修辞家。参见塞涅卡:《劝信集》,第8卷。——译者

那人是谁，随从便告诉了他客人的名字。然而他很是心不在焉，不久便忘记了刚刚的答案，于是又问了一次，之后还再问了两三次；这位仆人实在受不了一遍又一遍地回答相同的内容，为了让他彻底记住，决定添加一句特别的介绍："他叫塞斯提乌斯，听人说他对令尊的辩才不屑一顾，认为自己更胜一筹。"一听这话，小西塞罗大发雷霆，立刻着人把塞斯提乌斯抓起来，当场鞭打了一顿——多么失礼的主人[1]！

即便在那些深思熟虑后依然认为其辩才无与伦比的拥护者中，也不乏一些批评的声音：像他的朋友，伟大的布鲁图斯说的那样，西塞罗拥有的是一种"断裂和错位"[2]（*fractam et elumbem*）的辩才。同时代前后的几位演说家也指责他总是喜欢在结尾处让节奏变得冗长，并经常使用"似乎是"这几个字做结语，使韵律工整[3]。至于我，我更偏爱短促、顿挫的抑扬格律动。有时他会粗暴打乱诗句一贯的和

---

1. 塞涅卡：《劝信集》，第8卷。
2. 塔西陀：《演说家对话录》，第18章。
3. 西塞罗喜欢在结句中使用是"似乎是"（*Esse videatur*）这一表达（三个短音节加一个长音节），只是出于格律需要，尽管有时候诗句不需要这层意思。——译者

谐，但并不多见。我耳边回响起这样一句："**我宁愿变老以后命不久长，也不想未老先衰。**"[1]

对我来说，历史学家是从右手边打来的好球[2]：他们严谨又有趣；同时，我想了解的人物，在历史作品的记载中，往往比其他任何地方都更加鲜活、完整。这类作品，既能从整体入手，也能在细节中展示人物内心状态的真实多样，同时还揭示了形成他内在人格的多方面因素和生平曾面临的种种危险。

我最喜爱的便是那种着力描绘人物生平的历史作家，尤其在于他们往往看中动机胜过事件本身，剖析内因多于外因。正因如此，从各种意义上来说，普鲁塔克是我最偏爱的一个。

我还很遗憾世上没有十几个第欧根尼·拉尔修，更遗憾的是他没能被更广泛地接受和更好地理解。对于这些人类灵魂的伟大导师，我对他们人生际遇的兴趣一点也不比对他们学说思想的兴趣少。

做这一类历史研究，应该不加区分地翻阅各种类型的作品，无论是古代的还是当代的，无论是杂

---

1. 西塞罗：《论老年》，第10章。
2. 即掌球（jeu de balle或jeu de paume），网球的前身，据说从右手边打来的球更好接，这里指读历史著作最合蒙田的心意。——译者

乱的外文还是法文，我们都可以从中汲取多样的视角和丰富的知识。在我看来，恺撒的作品尤其值得钻研，不仅在于其中包含的历史知识，更在于他是如此卓绝超群的人物，近乎完美，甚至连撒路斯提乌斯也难以企及。

与其他作者相比，阅读恺撒时，我难免心存更多的敬畏和尊重，时而被他的豪言壮举和丰功伟绩所折服，时而为他语言的纯净及难以模仿的顺滑流畅所惊叹。而后一点，正如西塞罗所说的那样[1]，让任何作家都感到望尘莫及；我想，很可能也包括西塞罗本人。恺撒就连评价敌人时内心也充满着真诚，以致除了一些用以粉饰阴谋和危险野心的文辞外，我们似乎对他无可指摘，或许还可以责备他太少谈论自己吧。他的人生若只包含他所记述下的那些内容，根本不可能完成如此多的伟业。

我喜欢的历史作家，要么极为朴实、要么才情出众。前者没有什么自己的东西要添加，唯一的任务就是细致专注地收集尽可能多的史料，不加选择区分地把事件一五一十地记述下来，把辨别真伪的

---

[1] 西塞罗在《布鲁图斯》第75章提到这一观点。——译者

任务全权交给读者。这类作者的代表人物是杰出的弗鲁瓦萨尔[1],他的作品总是充满着一种最真挚的朴素。若犯下任何谬误,只要被人指出,他就毫不犹豫地承认并立刻改正,甚至连当时的种种流言蜚语都照记不误。这种原始而未经裁剪的史料,任何有深刻历史理解力的人都可以拿来为己所用。

至于杰出的历史作者,则有能力在材料中加以拣选,深知哪些部分值得被读者了解,且能从两种不同的传闻中选出更接近真实的那个。他们在描写王公贵族时,能根据人物所处的情景和自身性格来分析行为动机,并能让对话的内容更贴合人物。他们完全有威望赢取我们的信任、让我们接受给定的观点,但这类作者只占少数。

处于上述两种类型之间的历史学家(这种往往占大多数),一般只会让我们扫兴。他们习惯把东西嚼碎了喂给我们,自认为有权利评判,并按照自己的想象篡改史实;而我们一旦接受某一种观点,之后再叙述这段历史时就很难避开和摆脱这种倾向的

---

1. 或译傅华萨(Jean Froissart),14世纪法国历史作家,其作品《编年史》(或译《大事记》《见闻录》)是研究百年战争最重要的参考文献之一。——译者

影响。虽然他们也会为读者挑选值得了解的内容，但恰恰是被隐去的某句话、某个私下里的举动能够让读者了解到更多。他们甚至还会因为自己无法理解，或是找不到合适的拉丁文或法文表述，而删去一些奇闻逸事。且让他们肆意卖弄辞藻、铺陈论辩去吧！妄下结论也不是不可以！只希望他们能留给我们重新解读的空间，不要以做出选择或缩减篇幅为由歪曲、删改史料：请把它们原封不动地、完完整整地转交给我们。

撰写历史这项任务，尤其在我们这个年代，常常被交给一些资质平庸却能言善道之辈，好像我们读史书是为了学习文法似的。这些人既然被雇来做这种事，也就有充足的理由兜售那点闲言碎语，并丝毫不在意文辞之外的事了。他们要做的，就是把在街头巷尾听到的传闻收集起来，用华丽的辞藻包装成优美的文章贩卖给我们。

然而，好的历史是且只能是由那些亲自指挥或参与指挥过重大事件，或至少有幸指挥过其他类似事件的人编写的。希腊人和罗马人的历史无疑都属于这一类。由不同的亲历者记述同一主题，即便有差错，也一定不足为虑，或者本身就是一桩悬案。

若由医生记录战争,或学生来描写王公贵族的谋划,我们能从中指望些什么呢?

如果想要了解罗马人在这方面有多么严谨,下述一例便足以说明问题:阿西尼乌斯·波里奥在恺撒的著作中找出了几处纰漏,其产生原因很可能在于恺撒无法对军务事事过问,因而对亲信送来的那些常常没有经过充分核实的情报太过轻信;又或者是他不在时副官代理的事务没有向他一五一十地汇报[1]。我们可以从这一事例中看出,追求真相是一项多么精细的工作,想了解一场战役,即便去询问亲自参与过指挥的长官也不完全可靠,甚至亲临战场的士兵也未必能准确说清事情的原貌。除非像司法调查那样,组织证人对每个案件的细节进行充分对质并允许旁人提出异议。真的,我们很可能对自己经历过的事都一知半解。关于这一点,博丹[2]已经讲得很充分了,同我的观点基本吻合。

我不止一次在捧起一本自以为从未看过的新书

---

1. 苏埃托尼乌斯:《罗马十二帝王传》,第1章第56节。
2. 即让·博丹(Jean Bodin),16世纪法国法学家、政治经济学家、哲学家。蒙田这一整段有关历史学家功过是非的论述,灵感源于博丹的《易于认识历史的方法》。——译者

时，发现其实是数年前曾仔细阅读过的作品，上面还写满了潦草的笔记。面对记忆如此严重的疏漏和衰退，我决意弥补些许，于是不久前，我开始在每本书（我指的是那些我只想读一次的书）的结尾处记下读毕的时间以及对书中内容大致的看法。这一习惯至少能提醒我阅读时对作者的总体观感和评价。我想在这里摘录几段。

以下是大约十年前，我在圭恰迪尼[1]作品结尾处写下的评注（无论我读的书由什么语言写就，我都用母语与之对话）："他是位勤勉细致的历史学家。依我看，我们可以从他的作品中了解到时代的真相，其准确性远高于其他任何作者：因为他是绝大部分事件的亲历者，且在当中扮演着举足轻重的角色。没有任何迹象表明他曾出于仇恨、偏爱或虚荣等心理篡改过事实：他不受约束地对当时的豪杰（尤其是教皇克雷芒七世这类曾提拔他、重用他的人物）做出的评价都是真实可信的。他似乎最想展现即兴发挥和思考论证的部分中，的确有一些妙语不断、内涵深厚的段落，但他太过沉溺：既不想遗漏

---

1. 即洛多维科·圭恰迪尼（Lodovico Guicciardini），意大利16世纪作家、历史学家、地理学家、数学家，著有《意大利史》。——译者

任何细节，又拥有如此丰富广泛的题材，几乎取之不尽，最终变得拖沓无力，像个学究一样喋喋不休。我还注意到一点，当他对如此多的心灵与行为、动因与决断做出评判时，没有一次提到美德、虔诚与良知，仿佛这些品格已经在世间消失，不再能发出昔日的光芒。对于人的一切举动，无论表面上看起来多么高尚，他都将之归因于某种不可告人的目的或仅仅是出于私利。他评价过的事迹不计其数，居然没有几件在他看来是理性思考后的结果，简直难以想象。没有哪种罪恶强大到无人能逃，不是所有人都是坏人；恐怕他本人便是居心叵测之人，因此常常以己度人。"

我在菲利普·德·科米纳[1]书后的评注是这样的："语言优美动人，质朴无华；叙事纯净、不掺杂质，作者的诚意可见一斑；谈论自己时不虚荣、谈论旁人时不偏私、不嫉妒；论述与劝导的部分，热忱和真理多于精心装点的自以为是；处处流露出的威严和庄重反映出作者本人显赫的家世和广博的阅历。"

关于杜·贝莱先生[2]的《回忆录》："全力以赴

---

1. 菲利普·德·科米纳（Philippe de Commynes），文艺复兴时期欧洲佛兰德伯国政治人物、历史学家、编年史作家，著有《回忆录》。——译者
2. 马丁·杜·贝莱（Martin du Bellay），法国16世纪历史学家。——译者

的作者不会不让人欣喜，阅读这类作品总是一件乐事；但不可否认的是，两位作者身上[1]严重缺乏古代同仁——比如圣路易的侍从茹安维尔、查理曼大帝的掌玺大臣艾因哈德，以及晚近的菲利普·德·科米纳——的文字中闪耀的坦诚和下笔的自由。与其说是历史，还不如说是弗朗索瓦一世反抗查理五世皇帝的辩白书。我不愿相信他们曾篡改事实的主体；但自以为替读者考虑，常常失智地扭曲对事件的判断，把他们侍奉的君主生平的敏感事件一概删去，这的确是他们做的。比如蒙莫朗西公爵[2]和布里永领主[3]的失宠就没有写，对埃唐普夫人更是只字未提。

---

1. 《回忆录》共十卷，前四卷和后三卷由马丁·杜·贝莱撰写，中间的三卷由他的哥哥纪尧姆·杜·贝莱撰写，故蒙田先提"杜·贝莱先生"，这里又说"两位作者"，后文中的朗热领主也指纪尧姆·杜·贝莱。——译者
2. 即安内·德·蒙莫朗西（Anne de Montmorency），16世纪法国军事家、政治家，1538年被认命为法国王室统帅，但不久后被弗朗索瓦一世怀疑与王太子结党，自1541年起被禁止进入宫廷。——译者
3. 即菲利普·夏波（Philippe Chabot），16世纪法国政治人物，曾担任驻英国大使、法国统帅，曾在担任皮埃蒙特主将时接连得胜，却决定止步于韦尔切利，让弗朗索瓦一世大为不满，几年后被以贪污罪判决，在国王最宠爱的情妇——埃唐普女爵安娜·德·皮斯勒（Anne de Pisseleu, duchesse d'Étampes）的斡旋下获救。——译者

私密行为可以被掩盖，但对人尽皆知之事，甚至对已经引发广泛社会影响、造成重大后果之事仍缄默不言，这就是不能饶恕的错误了。总之，如果相信我的话，想对弗朗索瓦一世及其时代的主要事件做出全面的了解，还是应该另找他人。在这里所能得到的，是这些曾亲临战场并立下战功的贵族给出的独特视角、同时代一些王公贵族私下里的言行，还有朗热领主亲自主持的交易和谈判，这其中有数不尽的细节值得了解，随后做出的评述也颇为不俗。"

➤➤ 论想象的力量

"强烈的想象能够照进现实",教士们常这样说。我是那种能感受到想象的巨大威力的人。每个人都曾被这种力量冲撞,有些人则被撞翻在地。我印象犹深。躲避是我的应对之术,而非抵抗。因为只有同健康快乐之人相伴,我才活得下去。看见旁人身陷困苦也会令我困苦不已,且外人的感受常常会侵占我的感受。若有人一直咳嗽不停,我会觉得自己的肺和喉咙也受了刺激。

出于义务不得不去探访病人,总让我感到很不情愿;倒不如去看望一些意料之外,且没那么在意的人。仔细研究某种疾病,似乎就能捕捉到它,并想象它在身体里生根发芽。有人对这种想象听之任之,甚至加以鼓励,最后真的发热而死,我并不感到意外。

西蒙·托马曾是一代名医。有一天,我们在图卢兹一位久患肺疾的老财主家里相遇,当时他们正在商讨治疗方案,说倒是有一个好办法,那就是请我时时陪伴在侧,以便病人随时看见我健康的气色、经常想到我充满青春朝气的欢乐与活力。让病人的每种感官都被我焕发的生机填满,这样他的身体或许可以慢慢好转。不过他忘记了一点,那便是如此一来,只怕我的健康要每况愈下了。

加卢斯·维比乌斯为参透疯狂的本质与表现而绞尽脑汁,最后丧失了理智,再也无法复原;不过他倒是可以宣称自己因智慧而变得疯狂。

有些犯人出于恐惧,会预想刽子手行刑的画面。结果当有人解开蒙住他双眼的绷带,准备宣读赦免令时,却发现他在断头台上一动不动,已经咽了气。他死于自己的想象。我们浑身是汗、颤抖不已,时而面红耳赤,时而脸色苍白,这都是想象在起作用;我们躺在床上,感到自己的身体躁动不安,甚至快要因此死掉。青春的烈火熊熊燃烧,让少年在睡梦中满足了灼热的欲望,

> 像真正完成了性爱一样,
>
> 白色流淌一片,沾湿了衣衫。[1]

入睡时还一切正常,一觉醒来后竟发现头上生出犄角这种事,尽管早已不足为奇,意大利国王西庇士身上那件传闻却不该被忘记。传说他白天兴致勃勃地前去观看一场斗牛比赛,夜里犄角的形象在脑海中挥之不去。想象的力量使他额前真的生出双角[2]。

惊惧悲痛之感让克洛伊索斯之子[3]终于发出声音。安条克王子为斯特拉托妮克之美所倾倒而高烧不退。老普林尼称曾亲眼看见卢修斯·卡斯尼厄斯在新婚之夜从男人变成女人。蓬塔诺及其他诸人均记载过意大利近几个世纪以来发生过的变性事件。克里特岛上,由于母女二人强烈的渴望,

---

1. 卢克莱修:《物性论》,第4卷,第1035—1036行。
2. 老普林尼:《自然史》,第11卷第14章。
3. 克洛伊索斯(Croesus),吕底亚末代国王。这个故事由希罗多德在其著作《历史》第1卷中记载,克洛伊索斯之子生来便不能说话,而后城寨被攻陷时,父亲险些遭到一名波斯人杀害,他见状忽然发出了叫喊:"这个人不要杀死克洛伊索斯!"之后他便能开口说话了。(参考《历史》,王以铸译,商务印书馆,1997年)。——译者

伊菲斯实现了做女孩时的心愿,终于成为一名少年。[1]

途经维特里-勒-弗朗索瓦时,我得见一位男子,苏瓦松主教施坚信礼时为他取名为热尔曼,当地所有居民都认识他、见过他,二十二岁以前他一直是一个名叫玛丽的女孩。我见到他时,他已是一位蓄满胡须、终身未娶的老人了。据他说,当年他纵身一跃,太过用力,下身便长出了男性器官。正因如此,当地的女孩之间直到现在都流传着一首歌谣,用来相互提醒步子不要迈得太大,以免像玛丽·热尔曼一样变成男孩。频繁见证此类意外,倒也不必大惊小怪;显然,若想象力能在其中发挥作用,女孩们定会持续、竭力地想象这一情形的发生,为了避免受同一种想法和欲求的反复折磨,想象力干脆把男性器官直接安在她们身上,一劳永逸。

有人说达戈贝尔一世和圣方济各身上的疤痕都是拜想象的力量所赐。还听说通过想象,有时身体能原地腾空而起。塞尔苏斯记述过一位曾使自己灵

---

1. 奥维德:《变形记》,第9卷,第795行起。

魂出窍的祭司，他的肉身长时间失去呼吸且毫无知觉[1]。圣奥古斯丁也提到过一位祭司，只需听见凄惨哀怨的叫喊，就会立刻昏倒、完全失去意识，任你怎样对他怒骂、吼叫、掐拧、灼烧都没有用，必须等到他自己苏醒过来：他说自己听见了叫他的声音，但仿佛从很远的地方传来，随后他也发现了身上的烫伤和瘀青。然而他并不是故意装作没有知觉，那段时间里，他的确没了脉搏和呼吸[2]。

奇迹、幻视、着魔等种种离奇事件的主要成因很可能源自想象的力量，民众往往意志薄弱，更容易受到影响。他们以为自己看见了，实则什么都没看见，但他们对此深信不疑。我依然秉持这种观点，即今人深受其害的、那可笑的绳结咒[3]，没什么别的玄机，完全是担忧和畏惧在起作用。我从某人（我可以像为自己一样为他担保）的亲身经历中得知，他一向健康，从不怀疑自己的性能力有什么问题，

---

1. 阿格里帕·冯·内特斯海姆：《超自然三卷》，第1卷第14章。
2. 圣奥古斯丁：《上帝之城》，第14卷第24章。
3. 原文nouements d'aigillette直译为"细绳带系成的结"，梁宗岱译为"洞房结"，指新婚男性暂时性的阳痿。蒙田同时代的男人将这种现象归咎于巫术，即有人施咒阻止夫妇圆房。细绳带原在短裤和紧身上衣间起固定作用，"施咒"后便无法脱下短裤，因此得名。——译者

更不曾中邪，只是偶然听朋友说起自己在最不该阳痿的时候怎么都硬不起来的经历，不久后再进行性交时，忽然回想起这可怕的故事，引发剧烈的想象，于是他开始遭受同样的厄运。自那以后，他接连失败，耻辱的记忆挥之不去，彻底征服、控制了他。他想到一种对策，即用另一种想法应对这种想法：事前向对方承认自己的身体存在缺陷，紧绷的心也就随之放松下来，把不能勃起当成意料中事，责任感和压力也都随之减轻。等他再主动求欢时（思想解脱、放松了下来，身体也就恢复如初），试探了一下便成功勃起，他重新掌控了自己的身体，让床伴也为之一惊，就这样他的病立时痊愈了。一次做得到，就不再会做不到，除非真的不行。

这种灾祸，通常只会在内心因欲望或敬重而变得高度紧张时到来，尤其是当艳福来得意外，或时间紧迫的情况下；我们无法从这一困扰中脱身。我知道有些人明明身体已经起了反应，却决定停下来，以此平息炽烈的欲火并收效显著。还有人上了年纪后，性能力整体下降，不再那么频繁，反倒不怎么阳痿了。

我还认识一人，他的朋友向他保证教给他一套定能预防阳痿的秘术，同样取得了良好的效果。我最好还是说清是怎么一回事吧。

我曾与一位出身显赫的伯爵交往甚密，他与一位十分貌美的夫人订了婚。后者曾经的追求者也前来参加婚礼，这引发了新郎亲友们的忧虑，尤其是一位老夫人，她是他的亲戚，婚礼由她主持且在她家举行。她告诉我，她担心有人借机施展巫术，对伯爵不利。我听后请她放心把事情交给我处理。我的钱匣中碰巧有一枚平整的金币，上面镌刻着天使的图案，把它放在头顶的中线上，便能避免中暑、缓解头痛。此外金币上还缝着一条饰带，系在颔下便能将之固定。这种功效当然也跟我们正在讲述的功效一样纯属胡扯。这份特别的礼物是雅克·佩尔提耶[1]送给我的。期待这次它能派上用场。我告诉伯爵，新婚之夜，他跟其他人一样，都得冒些风险，因为宾客中某些男士意图对他不利。但还是大胆去睡，我作为朋友略施手段便可保他无忧，在他需要时创造奇迹。这事对我来说小菜一碟，但前提是他以名誉担保绝不外传。很简单，若进展不利，等夜

---

1. 雅克·佩尔提耶（Jacques Peletier du Mans），16世纪法国数学家、医生、诗人。——译者

半我们带着消夜前去闹喜时，就向我传出讯号。他听了以后愁眉不展、陷入可怕的想象，以致果真在洞房时不举，然后向我求救。我让他装作要把我们赶跑的样子，趁机起身出来，嬉闹中扯下我的睡袍（我们身材相差无几）穿在他身上，然后按照我的指令行事：我们离开以后，他就回去小解；然后祷告三次，并完成以下动作，每次祷告时用我之前放在他手中的那条饰带，小心把金章系在腰上，确保天使图案处于某个特定位置；都做完以后，把饰带系紧，既不能松开也不能移动。之后便可安心回去继续云雨，同时别忘了把我的睡袍扔回到婚床上去，把他们两人都盖住。

其实最后起到作用的，正是这些故弄玄虚的把戏，因为我们很难不去想：这么稀奇古怪的手段，背后难免蕴含着某种深奥的原理。而能施加影响、能使人产生敬畏之心的，恰恰是这种虚幻。总之，可以肯定，金币上的神像更多效忠于爱神而非太阳神[1]，擅长提高行动能力甚于预防。

我能想到这个主意也是见机行事，很新奇，这

---

1. 即在性事（Vénè rien）方面，爱神（Vénus）的疗效比防止中暑（前文提到金币原本用来避免中暑）显著得多。——译者

种做法与我的本性相去甚远。我素来不喜欢玩花招、弄虚作假,更是讨厌阴谋诡计,无论是用作消遣还是用来牟利。就算没产生消极影响,方式也不正当。

埃及法老雅赫摩斯迎娶美貌出众的希腊少女拉迪丝为妻。他在方方面面都称得上是佳婿,却唯独不能行房。于是他怀疑是新娘在施蛊作祟,并威胁要将她处决。她明确知道这种猜忌是胡思乱想,于是请求夫君向神明祈愿。结果就在向爱神发下誓愿、虔心供奉后的当晚,他就奇迹般地恢复了正常[1]。

女人不该用故作忸怩、挑衅、欲迎还拒等姿态款待我们,那些做法在燃起我们欲望的同时又将它熄灭。毕达哥拉斯的儿媳曾说,女人同男人睡觉,脱裙子时就该把羞耻心一并脱掉,穿上时再找回来[2]。男人出击,一旦内心顾虑重重,就很容易失败。想象会让他备受耻辱的折磨(这种情感往往只存在于最初的体验中,那时的心情远比之后的更急迫、更强烈,也因此更担心挫败),一旦开局不利,就会陷入极度的恼恨中去,原本的意外便会在日后频频

---

1. 希罗多德:《历史》,第2卷第181节。
2. 参见普鲁塔克:《道德论丛》,"对新婚夫妇的劝告"第8节(该书章节名参见吉林出版社2015年席代岳译本——译者)。

出现。

新婚夫妇有的是时间,没准备好之前不必急于求成,也不要轻举妄动;与其因出师未捷而惊恐、绝望,最后落得终生不幸的下场,倒不如失礼地放弃躁动不安的春宵之乐,去等待一个更为私密也更为放松的契机。如果真的不行,在准备交合之前就应该分几次尝试,轻轻送入,而不是恼羞成怒,一心要证明自己不是不行才算完。那些自知性器绵软无力的人,只需当心这别是心理作用就好。

确有理由注意到,我们身上那个器官生性顽劣、难以驯服。毫无性致时,它偏不合时宜地跃跃欲试;最需要它出力时,它反倒大煞风景地临阵退缩起来。为树立它的权威,它蛮横地挑战着我们的意愿;傲慢、乖张地拒绝我们不论精神还是肉体上的一切哀求。然而,若要严厉地斥责它的反叛,并以此为据将它判决,它又聘请我出面为他辩护。我怀疑,极有可能是我们身上的其他器官,它的好伙伴们,在背后捣鬼。它们出于对它享有的重要地位及美差的嫉妒,炮制了这出早有预谋的闹剧,联合全身上下从中作梗,让它不得不独自承担一切过错,可谓十分恶毒。我请诸位仔细去想,我们身上的所有器官里，有哪个不是常常拒绝依照我们的意愿行事，又同时常常违背我们的意愿擅自行事？它们各有各的欲望，或被其唤醒，或被其麻醉，无须我们批准。多少次，脸上不自然的表情会把我们内心私密的想法当众揭穿。让我们的心肺脉搏不自知地加快跳动的，与让那个器官硬起来的，都是同样的道理。看见赏心悦目之事，一种灼热的欲望在我们毫无察觉的情况下，早已传遍全身。然而，不顾我们的想法和意愿，私自竖起或疲软的，就只有那个部位的肌肉和血脉吗？怎么不怪罪发、肤会因欲望和惊恐而竖起、战栗，手总会不知不觉地伸向一些地方，舌头随时可能僵住不动，声带会发不出声音，甚至在穷得揭不开锅的时候，我们不也管不住想吃喝的欲望，让那些受制于它的器官蠢蠢欲动？这种欲望与性欲不相上下，只要它们认定，就会不合时宜地抛下我们。排泄器官，无论负责的是腹部还是肾脏，也都一样，自有其膨胀和收缩的节奏，完全无视我们的看法。

为了赋予意志至高无上的权威，圣奥古斯丁称自己亲眼见过一人，他能够掌控自己的臀部，想放多少个屁就放多少个屁。对此,他的注疏者比维斯[1]援引同时代人的另一事例加以补充:这位仁兄在听人对他朗诵诗歌时,可以根据声调的起伏,让自己的屁也变得抑扬顿挫。不要因此以为臀部就百依百顺,一般来说,它才是最冒失、最嘈杂的那个[2]。补充一例:我知道一人,性格吵闹、脾气又差,四十年前,他逼迫自己的导师连续不间断地放屁,不容喘息,最后害得人家气绝身亡。

现在,我们在这里做出这项指控,为的都是意志的权益,然而意志不也常常错乱失常、忤逆我们吗?光是由此引发的谋乱、暴动,我们就经历了多少次!它总是期望我们期望它去期望的事吗?难道它不是常常在期望我们禁止它期望的事,即便那会损害我们的利益?就连理智得出的结论,它也毫不在意吧?最后,我要为我尊贵的当事人,作如下陈词:"请法庭考虑到,在本案中,我的当事人与诸位共同利害关系人的责任密不可分。而控方不加区分

---

1. 比维斯(Juan Luis Vives),16世纪西班牙神学家、哲学家、教育家。——译者
2. 圣奥古斯丁:《上帝之城》,第14卷第24章。

地只对我的当事人进行指控,且有关论述和罪责,以考虑到各方情况不同为由,毫不涉及、涵盖其他关系人。由此可见,控方的敌意与非法性昭然若揭。"然而,无论律师间如何争吵、法官怎样裁决,都是白费功夫。大自然自有其规律,它赋予生殖器一些特权,其实不无道理,毕竟,唯有这一器官能让我们这终有一死的物种通过繁衍生息得以永存于世。正因如此,对苏格拉底来说,繁殖是神圣的行为;而爱,是不死的欲望,是不死之神本身。

也是出于想象的作用,有人来法国就治好了瘰疬,而他的同伴则无功而返[1]。这正是为什么这类事情通常需要我们内心早做准备。医生事先就对病人做出种种虚假的承诺,说定能痊愈,为的是什么?无非就是药剂其实无效,需用想象的力量弥补罢了。医生肯定都还记得,一位先师曾记载,有些病人一看到药就能康复。

---

1. 据传法国国王向来虔诚,从而具有能通过触摸治好病人的能力。弗朗索瓦一世被软禁在马德里时(1525—1526年),曾治愈许多西班牙人的瘰疬病,以致返回法国后,仍有许多西班牙人前往法国只为被弗朗索瓦一世触碰。——译者

我脑海中突然浮现一件事，是从先父生前的家庭药师那里听来的，此人生性淳朴，是个瑞士人，我们都知道那是一个不虚荣也不扯谎的民族。他曾与一位图卢兹商人相识已久，后者长期患有结石病，需要定期灌肠排石。他习惯根据病症的变化请医生开具不同的灌肠剂。一般，药剂煎好端进来以后，他会一个步骤不落地走过一遍流程：比如先伸手摸一摸药罐看是不是太烫，然后躺下来，翻过身去，把所有准备工作都做好，却唯独不注入药剂。仪式完毕以后，药师就退出了房间，而病人感到十分舒适，仿佛真的用过药一般，他觉得自己跟那些真在用药的人没什么两样。倘若医生认为效果不够明显，就再来两到三次同样的操作。我的这位见证人发誓说，为了节省开支（因为即便他不真的用药，也得照样付钱买药），病人的妻子试过几次用温水假装药剂，但这样就毫无效果，病人一试就知道是在骗他，于是只好按原来的方法重新医治。

曾有一位妇人，自认为吃面包时误吞下一枚别针，于是大声叫嚷、惊恐万分，仿佛喉咙真的卡住了异物，剧痛难忍；但从外观上看，她的脖子既没有肿胀，也并无任何异样。有个聪明人因此看出了门道，判定这都是想象和幻觉在起作用，肯定是有一块发硬的面包划过喉咙时刺痛了她。于是他让她用力呕吐，并偷偷地往呕吐物中扔了一枚别针。妇人以为已经把别针吐了出来，立刻感觉不到疼痛了。我还知道有位贵族，曾在家设宴款待贵宾，三四天后，出于恶作剧的心理（纯属凭空捏造）对客人们吹嘘说，席间他们吃下去的馅饼是猫肉做的。结果，其中一位年轻女士霎时面如死灰，随后出现了严重的腹泻、高烧等症状，最后也没能救回来。

不仅是人，动物也常常被想象的力量左右。例如狗会在主人死后因悲痛过度而死。我们也经常看到它们在睡梦中尖叫、乱动，或马儿熟睡时嘶叫、挣扎个不停。

上述全部事例均可证明精神与肉体紧密相连、休戚与共。如果说想象力不仅作用于自身，有时还影响别人，那就是另一回事了。病痛便以这种方式从一具身体传递到另一具身体上（霍乱、花柳病、眼疾，莫不如此）：

> *健康的双目，看见病眼，便会染疾，许多*

疾病都这样一传一地扩散开来[1];

同样,想象力一旦被剧烈激发,便可放出伤人的利箭。据说在古代,有些斯基泰女人只需轻轻瞥一眼,便可瞬间杀死惹怒她的人。乌龟和鸵鸟仅凭目光便可孵卵,这表明它们可以通过眼睛完成射精[2]。至于巫师,人们常说他们的眼睛有害且极具攻击性,

不知是谁的眼睛诱惑了我的羔羊。[3]

在我看来,巫师不可轻信。不管怎么说,我们经常见到女人怀孕时在胎儿身上留下想象的印记,那生出黑摩尔人的女人就是一例[4]。有人把比萨附近的一名女童敬献给波西米亚国王(即神圣罗马皇帝查理五世),她全身长满竖起的长毛。据她母亲讲,是床头悬挂的一幅施洗约翰画像让她怀上这个女孩

---

1. 奥维德:《情爱的药方》,第5卷,第615—616行。
2. 老普林尼:《自然史》,第7卷第2章、第9卷第10章。
3. 维吉尔:《牧歌集》,第3首,第103行。
4. 指名医希波克拉底曾为生出黑人婴儿的白人公主辩护,称这一意外由房中黑人挂像引起,而非通奸,从而使公主免罪。——译者

的。动物中也存在这种现象，比如雅各的羊群[1]，以及高山上被雪染白的山鹑和野兔。不久前，我曾在家看见一只猫正窥伺树枝上的一只鸟，它们凝视对方不多久，就见鸟忽然如同死去般坠落，掉进了猫的前爪间。鸟不是被自己的想象蛊惑，就是被猫的想象俘获。喜欢带鹰狩猎的人肯定听过那位著名的寻隼人的故事，传说他举目凝望空中飞过的一只鸢久久不动，打赌说仅凭目光便能使它坠落，然后他真的做到了。

我引述以上事例，完全出于对讲述者良知的信任。我的推演根植于理性而非经验；每个人都可以补充自己的例证，如果没有，也无须以为它并不存在，毕竟世事繁杂多样。若我的论据不够有力，就请旁人代我评述。我在研究我们民族的风俗习惯时，若是遇到虚构的证据，只要存在可能性，一律按真实情况处理。无论它发生没发生、发生在巴黎还是

---

1. 故事出自《圣经·创世记》（第30章第37句），后被圣奥古斯丁在《上帝之城》、阿格里帕·冯·内特斯海姆在《超自然三册》中引述：雅各将不同颜色的树枝剥皮后，插在羊群的水槽前，羊群经过见到各色树枝的斑块，身上长出细小斑点。蒙田与安布鲁瓦兹·帕雷（Ambroise Paré，法国文艺复兴时期著名外科医生，现代外科与病理学之父）均将这个故事归因为想象的作用。——译者

罗马、发生在让还是在皮埃尔身上，都不超出人类行为所能涵盖的范畴。能让我领会到这一点的便是有帮助的记述。这样的故事，无论其表面还是实质，都让我感到获益匪浅。至于同一事件的不同版本，我会挑最稀奇、印象最深的那一版为我所用。有些作者的意图是去讲述真实发生过的事件；我则不然，我选择讲述那些我深知可能会发生的事。经院学者缺乏论据支撑时，允许自己提出类似的假设。但我不会这么做，因为在这方面，我的标准之严苛，远超一般对历史的信仰，几乎达到宗教般的迷信。我这里所举的例子，无论是我听来的，还是我个人的言行，引述时一概不允许自己改动哪怕是最微不足道的细节。我的良知不允许我这样做，而知识是否会无意中修正印象，则不得而知。

关于这点，我有时会想，让神学家、哲学家这类良知无愧、思虑审慎精准之人来撰写历史或许更为合适。他们不会用自身的信义去为公众的信义担保，更不愿为素不相识之辈的想法负责，把陌生人的臆断当成确凿的证据。那些牵涉人数众多的案件，即使就发生在眼前，他们也会拒绝出庭宣誓作证；没有任何人与他们相熟到让他们愿意出面为其思想、意图做担保的地步。

我认为,比起记录当代,书写古代的风险要小很多,作家只需阐释一件借来的事实即可。有人邀请我写一些当代事件,一是认为我观察问题时掺杂的感情因素比其他人少,二是考虑到我有幸能接触到各派系的首领,可以提供近距离视角。然而,他们没有说,我不愿费力去换取撒路斯提乌斯的荣耀。我发誓我厌恶义务、勤勉、恒心这类品格;且铺陈的叙事一向与我的文风相去甚远:我的气息不够绵长,文章缺乏连贯性;既无章法可言,阐释也不够精彩;描述日常生活中的场景时,遣词造句尚不如一个孩子。我决意只谈论我擅长谈论的事,根据我的能力组织素材;若是让其他人指挥我写作,只怕我会力不从心,难以达到对方的要求;且我的自由向来没有边界,很可能会发表一些即便在我自己理性看来也多少不够合理,甚至会遭受惩罚的见解。普鲁塔克定会愿意告诉我们他是怎么做的。他会说,若他所举的事例面面、处处俱真,那就变成别人的作品了;能对后世有益,如指路明灯一般引领我们一心向善的,那才是他的作品。一则古代故事而已,又不是按药方抓药,写成这样那样还谈不上多么危险。

➥ 论悲伤

我是最不会悲伤的那种人了。人们不约而同地偏爱、推崇这种情感,我却既不喜欢也不欣赏。悲伤是一件愚蠢又可怕的锦衣,往往可以用来装扮智慧、美德和良心。意大利语中"悲伤"一词实指"恶意",可以说恰如其分。毕竟这种品质有害而疯狂,象征着怯懦和卑下。斯多葛主义者认为智者绝不该表露出这种情感。

书中说,埃及法老普萨美提克三世败给波斯国王冈比西斯二世又被后者俘虏以后,看见沦为囚徒的女儿穿着女仆的衣服被人派去汲水,从他眼前经过,周围的朋友都痛哭流涕、哀叹不已,只有他紧盯着地面、一言不发;之后他的儿子被押送处决,他看见了仍然没有任何反应；然而，当他发现一名贴身侍从也走在俘虏的队伍中时，忽然开始顿足捶首、悲痛到了极点[1]。

这跟一位法国贵族[2]最近的遭遇很相似。他在特伦特先是听闻自己兄长的死讯（这位兄长是整个家族的支柱和荣耀）；随后不久，又传来弟弟离世的消息，剩下的希望也破灭了。他默默承受住接连的打击，展现出超乎一般的坚强。结果几日后，他的一位部下也死去了，面对这一意外，他再也无法控制自己，陷入无尽的哀痛中不能自拔。就有人据此论证说，只有最后这下打击才真正触及了他的痛处。不过实际情况应该是他已经到了悲痛的顶点，只需一点点刺激就足以将他彻底击垮、攻破最后的防线。

要我说，可以用同样的方式理解之前那个故事，冈比西斯二世询问普萨美提克三世，为什么亲生儿

---

1. 伽利玛出版社1965年版认为该故事出自希罗多德的《历史》第3卷第14节；企鹅2009年版注释则称这一故事出自伊拉谟斯译本《道德论丛》第9章。——译者
2. 指洛林枢机夏尔·德·吉斯（Charles de Guise）在不到半个月的时间里接连失去两兄弟：弗朗索瓦·德·吉斯于1563年2月24日死于谋杀；克吕尼神甫于同年3月6日死亡。——译者

女死了毫无反应,却对朋友[1]之死不能释怀?后者回答说:"失去朋友之苦,眼泪可以表达;失去骨肉之苦,任何方式都无法表达。"

说到这,不由得联想到古代画家提曼特斯的巧思[2]。他在描绘伊菲革涅亚的献祭时,根据不同人物对这位美丽无辜的少女之死关心程度不同,让他们的脸上呈现出深浅各异的悲伤。等画到父亲时,画家已经用尽各种办法,于是他干脆画他用手蒙住脸,像是在表达任何姿态都不足以再现这种层次的悲伤。

这便是诗人虚构出悲惨的母亲尼俄伯这一形象的原因:她接连失去七个儿子,随后又失去七个女儿,无法承受这种悲痛,最终化为岩石,

哀痛欲绝,纹丝不动[3],

诗人通过这一形象表达一种阴郁、无声、沉闷

---

1. 之所以此处称这位贴身侍从为"朋友",是因为根据希罗多德的记载,这位仆人是法老家族中人,常年享有与法老同桌吃饭的待遇。——译者
2. 参见西塞罗:《论演说家》,第22章;昆体良《雄辩术原理》,第2卷第13章,第12节。
3. 奥维德:《变形记》,第6卷,第304行。

的惊愕,当意外接连发生,让人措手不及、难以承受时,正是这种惊愕使我们动弹不得。

的确,悲伤的力量达到极致时,会震动人的整个灵魂,使其无法自由行动:比如我们刚刚得知一个非常糟糕的消息时,往往会愣在原地、目瞪口呆、一动也不能动,只有在痛哭过、哀叹过以后,灵魂似乎才放松下来、不再纠结,并最终得以舒展,

好不容易,痛苦终于发出了声音。[1]

我想到在布达附近,斐迪南一世曾对战匈牙利国王扎薄尧伊·亚诺什的遗孀伊莎贝拉[2]。那场战争中,德国上尉拉伊斯亚克看见战马驮回一具士兵的死尸,人人都说他生前在混战中表现得英勇无比,最终捐躯。于是上尉同众人一起哀悼他的死亡,不过他也同旁人一样,好奇死者究竟为何人。然而当尸首的铠甲被剥下时,他发现死者竟是自己的儿子。所有人都在哭,只有他既不哭也不出声,只是呆呆地站在原地,怔怔地望着尸体。悲痛的力量席卷而来,

---

1. 维吉尔:《埃涅阿斯纪》,第11卷,第151行。
2. 即伊莎贝拉·雅盖隆卡(Isabelle Jagellon)。——译者

冻结了他的元气，他笔挺地倒在地上，就这么死了[1]。

"能说出爱得多炽烈，恰恰不够炽烈"[2]，恋人们会这样说，他们想描绘一种难以承受的激情：

> 多么可怜的我
> 被爱夺走所有的感官，只要一看见你
> 莱丝比娅，我就一个字也说不出口
> 迷失了自己
> 瞠目结舌的样子，仿佛有一团
> 微弱的火焰，游走在肢体间，
> 如同耳鸣不止，如同层层黑夜遮蔽
> 我的双眼。[3]

因此，我们无法在感情最鲜活、最浓烈之时表达悲痛或是相爱的决心，因为这时的灵魂往往承载着沉思的重担，这时的身体往往因爱而变得颓丧、萎靡。这也是为什么男人在性爱中有时会不能勃起，这种偶发状况如此不合时宜，甚至会在爱欲最盛的

---

1. 参见保罗·乔维奥：《1494—1547编年史》，第39卷。
2. 彼特拉克：十四行诗第173首的最后一行。
3. 卡图卢斯：诗第51首。

时刻来临。看来极致的热忱也会让人瞬间冷却下来。能让人尝到滋味、能让人掌控的激情到底还是不够激情,

> 关心不足者多言,关怀备至者不言。[1]

同样,不期而至的欢愉也会震撼人心,

> 她一见我走近,一认出我四周的特洛伊军队,就惊讶得仿佛失去了神智。
> 目光直直地盯着前方,像被这不可思议的事情吓坏了,
> 身体冰凉,晕倒在地,过了许久才能开口说话。[2]

老普林尼书中记载的那位罗马母亲,因见到儿子兵败后从戛纳顺利逃生,兴奋至极而死去。索福克勒斯和僭主狄奥尼西奥斯也死于极乐。塔尔瓦在科西嘉岛去世时,正在阅读罗马元老院授予他殊荣

---

1. 塞涅卡:《伊波利特》,第2幕第3场,第607行。
2. 维吉尔:《埃涅阿斯纪》,第3卷,第306行。

的消息。除上述事例外,我们还可以在本世纪找出一例,便是教宗利奥十世。得知米兰被攻陷的消息后,他欣喜若狂,期待已久之事终于成真,最后因严重发热而死去。

还有一件更值得注意的逸事,足以证明人类天性的这一弱点:古人记载大辩证家狄奥多罗斯,因当着门徒和公众的面,没能成功驳回听众抛出的论点,羞愤难当,当场死去。

我极少体验这么强烈的情感。我生来感受力迟缓,并日日通过理性论述加固、加厚心灵的外壳。

➻ 论坚定不移

有决心和毅力,并不意味着我们必须在力所能及的范围内尽可能规避时刻威胁着我们的苦难和妨碍,更不是说不允许自己担忧不幸会突然来临。恰恰相反,所有能免遭困苦的办法,只要适当,都该被允许、都值得称赞。坚定不移的奥秘主要在于耐心忍受不幸,后者终归无法避免。同样,只要能躲开向我们发起的攻击,无论身体怎样腾挪、闪躲,无论拿起武器摆出何种防御的姿态,都没有问题。

许多骁勇善战的民族都曾把逃跑作为主要的御敌手段,尽管背向敌人要比迎面作战危险得多。土耳其人至今保留着部分类似的战术。

柏拉图笔下的苏格拉底嘲笑拉凯斯把勇敢定义

为"面对敌人时严守阵地,绝不退缩"。苏格拉底反驳道:"怎么?照这么说,要是采取那种边后撤边迎战的打法,就是怯懦了吗?"他又援引荷马为证,后者称赞埃涅阿斯善用逃跑的谋略。说到这儿,拉凯斯改变了主意,承认斯基泰人善用此法,并承认逃跑是骑兵主要的战术之一。苏格拉底又举斯巴达重装步兵的例子:斯巴达军队一向以训练有素、严守阵地著称,然而在普拉提亚决战之际,他们无法冲破波斯人的轻盾阵,于是竟决定解散并撤退,目的是佯装溃败,让庞大的波斯阵队在追击他们的过程中自动四散瓦解。他们便这样取得了胜利[1]。

说到斯基泰人,就想到传言,大流士意图征服他们时,曾因看到他们的国王率领部下一直后退、一直躲避混战而传令怒斥他的软弱。对此安达提尔斯(这位斯基泰国王的名字)回应说自己这么做不是出于对大流士或对任何人的畏惧,而是因为游牧民族向来如此迁移:没有耕地、没有城市和房屋需要保卫,因此不必担心敌人利用这一点逼迫自己。如果大流士迫切渴望一决雌雄,不妨试试看接近一

---

1. 柏拉图:《拉凯斯篇》,190B—191D。

下埋葬斯基泰人先祖的地方，若谁胆敢践踏那里一下，他就会见识到斯基泰人的厉害[1]！

不过，要是在战争中不幸成为炮击的目标，因怕被击中而内心动摇、想要躲开，就是很不合适的举动了。况且炮弹的威力和速度让人逃无可逃。有很多士兵慌乱中举起手臂遮掩或低下头，无非是给同伴提供笑料罢了。

查理五世皇帝入侵普罗旺斯之时，德·谷阿斯特侯爵前去侦察阿尔勒城的情况，他先是得益于风车的遮蔽成功接近，随后不小心失去掩护，被正在圆形剧场附近巡视的德·博纳瓦阁下和宫廷总管德·阿让发现了。他们把他指给炮兵总管德·维利耶阁下看，后者立刻架起一支轻型炮，瞄准这位侯爵开了一炮。这一击又快又准，要不是侯爵望见有人开火，立刻狠命扑向一旁，准会被打中、一命呜呼了[2]。类似的事还有：几年前，凯瑟琳王太后的父亲、乌尔比诺公爵洛伦佐二世·德·美第奇正在围攻蒙多尔福（意大利维卡利亚地区的一处要塞），他发现有人正要开火，炮口对准了自己，立刻趴在地上躲避。炮

---

1. 希罗多德：《历史》，第4卷第127节。
2. 参见杜·贝莱：《回忆录》，第7卷，第129页。

弹几乎擦着他的头皮飞过,不然的话,准会击中他的胸口[1]。

说真的,我不相信上述反应都是深思熟虑的结果。事发突然,怎么未卜先知,猜中敌人是向上还是向下瞄准呢?或许他们想得很简单,相信命运会眷顾自己的,并且明白如有下一次,被击中和成功躲开的可能性是均等的。

我也不否认,要是在某个意想不到的地方,突然响起火枪射击那震耳欲聋的声音,我会吓得发抖的。我见过一些比我勇敢得多的人也是这种反应。斯多葛主义者同样不要求贤哲初见怪象时必须保持镇定,他们认为若是碰上晴天霹雳或建筑崩塌,吓得面色苍白、全身绷紧,是完全可以理解的。这大概是人天生的弱点。面对其他情感有这种反应也一样很正常,但要保证思维没受到损害、还能保持完整;理性仍然平稳运转、不被改变;并且不要沉溺于惊恐和痛苦中不能自拔。对于普通人来说,前一种反应和贤哲们一样,后面的这些可就大不相同了。因为普通人无法让剧烈的情感只停留在表面。强烈

---

1. 弗朗切斯科·圭恰迪尼:《意大利史》,第13卷第12章。

的感受会深入内心,毒害并腐蚀理智,从而让人完全被情绪主导,做出偏颇的判断。

看看下面这行雄辩的诗句吧,斯多葛派智者的境界得以充分展现。

泪水空流,内心不可动摇。[1]

逍遥学派贤哲并非不被情感影响,但他们懂得适度[2]。

---

1. 维吉尔:《埃涅阿斯纪》,第4卷。
2. 圣奥古斯丁在《上帝之城》第9卷第4章中引用。

论恐惧

> 我惶惶不安,头发竖起,声音卡在喉咙里。[1]

我不像有些人说的那样,是熟知自然史和人类天性的专家[2],所以我说不出恐惧在我们身上是怎样起作用的。无论如何,这的确是一种奇特的情感;听医生们说,没有哪种情感比恐惧更影响我们的判断了。真的,我见过很多因恐惧而失去理智的人,即便是最稳重的人也会因此变得心慌意乱。

---

1. 维吉尔:《埃涅阿斯纪》,第2卷,第774行。
2. 原文为"bon naturaliste",即博物学家、自然史学家,该词自1527年出现以来,除了指研究自然史的专家,还指跟随天性行事、生活之人。为了与后文衔接得更顺畅,此处意译。——译者

我这里就不去考虑普通民众的认知了,对他们来说,恐惧意味着已经入土的曾祖死而复生,从坟墓里站起来,全身裹着白布;或者狼人、精灵、奇美拉[1]。不过说起来,士兵本应该是最英勇无畏的一类人,但恐惧依然能一次又一次让他们把羊群误当成身穿铠甲的骑兵队、把芦苇丛和竹林中的响动误认作高举长矛的士兵经过。恐惧能把朋友变成敌人,把纯白的十字架染成鲜红。

波旁公爵[2]重夺罗马城时,有一位负责守卫圣皮埃尔堡[3]的旗手,刚听见拉响的第一声警报,就吓得魂飞魄散,从城墙废墟的洞里跳了出来,紧握着旗杆,飞速奔出城外,奔向敌军。他还以为自己是在往城里跑呢。他远远看见波旁公爵正列队准备迎战(公爵以为城内的敌军准备倾巢而出),忽然意识到自己跑反了,立刻掉转方向,从刚刚的墙洞里钻了回去。他这一慌,一口气跑出来三百多步,跑进了城墙外的田野里。

不过,德·比尔斯伯爵和杜·勒阁下攻占我们

---

1. 古希腊神话中的怪物:狮头、羊身、蛇尾,会喷火。——译者
2. 即波旁公爵查理三世(Charles III Duke of Bourbon)。——译者
3. 瑞士南部城镇。——译者

的圣-波勒城时,朱伊尔上尉的掌旗官可就没那么幸运了。敌军的到来令他闻风丧胆,结果他刚带着旗从城墙的炮眼中仓皇逃出,就立刻被围攻上来的敌人乱刀砍死了。同一场战役中流传下来的另一个故事,说的是一位贵族,被战争吓得几乎心脏骤停、身体僵硬,就这么直挺挺地倒了下来,扑通一声摔在城墙的缺口上,没受任何伤,却活活吓死了[1]。

有时,类似的恐惧可以紧紧攫住一群人。日耳曼尼库斯远征日耳曼的战役中,有一次交战双方都因为恐惧而逃错了方向,导致两路大军狭路相逢[2]。

恐惧时而能让人疾走如飞、仿佛脚后跟生出翅膀,就像上述两例中发生的那样;时而却令人魂不附体、一动不动。我要说的,正是狄奥斐卢斯败给阿拉伯人的一次战役中的情况,他对自己的失败感到不可思议,吓呆在原地,甚至忘了下决心逃离:"**太过畏惧,甚至想不到求救**"[3]。最终,他军队中主要的指挥官之一——曼努埃尔——一把抓住他的肩膀,

---

1. 杜·贝莱:《回忆录》,第8卷。
2. 塔西陀:《编年史》,第1卷。
3. 昆图斯·库尔提斯·鲁弗斯:《历史》,第3卷第2章;故事出自约翰·佐纳拉斯:《历史》,第3卷。

拼命摇晃，仿佛要把他从沉睡中唤醒："您要是不跟着我逃走，我就立刻杀了您，也总比您被俘之后痛失整个帝国要好。"

不过，恐惧有时也能爆发出巨大的威力，让我们找回遗失的勇气，尽管我们常常是出于恐惧才无法尽到责任，甚至颜面扫地的。那是塞姆普罗尼乌斯[1]执政时期，罗马军团输给汉尼拔的第一场会战，一支十万多人组成的步兵部队惊慌失措，环顾四周，发现找不到可以仓皇逃窜的方向，干脆径直奔向敌人的主力部队。结果他们不仅顺利突出重围，还斩杀了大量迦太基士兵。既然有这样的实力，就说明付出同样惨痛的代价，他们本可以取得一场辉煌的胜利，结果一开始就吓得逃之夭夭，真是很不光彩[2]。

看来，世上最让人恐惧的，就是恐惧本身。因此可以说，比起其他偶发意外，恐惧造成的后果往往恶劣得多。庞培和朋友在逃亡的船只上目睹了那场可怕的屠杀，还有什么情感比他们当时的感受更

---

1. 即提贝里乌斯·塞姆普罗尼乌斯·隆古斯（Tiberius Sempronius Longus）。——译者
2. 蒂托·李维：《罗马史》，第21卷第56章。

残酷、更剧烈呢？眼看着埃及船只迫近，他们害怕得喘不过气来，唯一能做的，就是疯狂催促船员、拼命划桨，直到抵达提尔[1]才松了口气。这时他们终于缓过神来，想到刚刚所痛失的一切，泪如雨下，哀叹不已。悲伤的发泄被恐惧这种更强烈的情感给抑制住并推迟了。

当下，恐惧从我心里夺走了全部的心智。[2]

有些人在战争中身负重伤，伤口都还没愈合、还流着血，却能在第二天重返战场。而另一些人，则一想到敌人就心惊胆战，甚至无法正视对手。那些总是担心自己会被外邦征服进而流离失所的人，终日茶饭不思、坐卧不安、惶惶不可终日；而真正的贫民、流亡者和奴隶却往往过着无忧无虑的生活。世界上有那么多人，因恐惧而变得焦躁不已，最终选择上吊、投河或跳下悬崖自尽，这不是恰好说明

---

1. 又译泰尔、蒂罗尔、提尔，位于地中海东部沿岸，为古代海洋贸易的中心，今属黎巴嫩。和合本《圣经》翻译为"推罗"。——译者
2. 昆图斯·恩纽斯：《编年史》，第4卷第8章第19节（这件事出现在莎士比亚戏剧《安东尼与克莉奥佩特拉》中）；西塞罗在《图斯库卢姆辩论》第3卷第27章第66节引用。

恐惧是比死亡更可怕、更难以忍受的事情吗？

希腊人熟知另一种恐惧，超出了我们今天谈论的范畴。这种恐惧没有什么明显的缘由，似乎是天意使然，往往能让整个民族、整支军队陷入迷狂[1]。正是这样的迷狂让迦太基哀鸿遍野，充斥着惨叫和哀嚎。居民们像是听到了警报声，纷纷从家里冲向外面，漫无目的地互相攻击、残害、杀戮，就好像他们不再把彼此当作同胞，而是入侵的外敌。一时间，整座城市混乱失序、动荡不安，最后不得不通过祷告和献祭来平息诸神的愤怒。

人们称这种现象为"潘神的迷狂"[2]。

---

1. 西西里的狄奥多罗斯：《历史丛书》，第15卷第7章。
2. 即 la panique de Pan，战争中发生的集体惊惧现象，会引发彻底的失序和疯狂的杀戮。——译者。

   参见伊拉斯谟：《格言集》，第2603条。——原注

➤ 我们的思想如何阻碍自身

设想存在这样一类人,他总是在两种相近的倾向中摇摆不定,这一画面可谓相当有趣。显然,直到最后他也做不出任何决定,因为落实和选择意味着必须做出判断和取舍,好比我们既饿又渴,却只能在酒瓶和火腿中二选其一,也许最终除了渴死、饿死,没有什么办法可以解决!

当有人问起:我们的灵魂是怎么做到在两种相差无几的事物中做出抉择的?面前是一堆看起来没有任何区别的钱币,本没有必要偏好,那又是什么原因促使我们拾起这一枚而非那一枚呢?为了解决这一困境,斯多葛学派思想家解释说:灵魂的这一活动非同寻常,没有既定的规则,它源自一种陌生、偶然的外在冲动，往往出人意料。

依我看，似乎可以这样说，呈现在我们面前的万事万物，多少都会些不同，无论这种不同多么微小。一眼望去或轻轻触碰，正是那一点微小的不同吸引着我们，尽管我们对此并不自知。

同理，假设有一条质地均匀而结实的细绳，它绝无可能断开；不然，你觉得它会在哪里断开呢？总不可能在所有点上同时断开吧。

除此之外，根据等比原理，经过严密的论证，可以得出"容积大于容器""圆心与圆周同大"的结论；也可以找到两条无限接近，却永远不能重叠的线。或像我们在"贤者之石"和"化圆为方"等问题中所看到的那样，它们蕴含着如此对立的因果关系。如果有人举出上述所有例证后，还能从中总结出些许论据，便可以充分佐证老普林尼那句大胆的论断了："*没有什么比不确定更确定无疑，没有什么比人类更傲慢、更可悲。*"[1]

---

1. 老普林尼:《自然史》，第2卷第7章。

↣ 论良知

内战时,有一天我和弟弟布鲁斯领主[1]在路上遇见一位仪表堂堂的贵族。他原是敌对阵营的人,可我却没能发觉,他伪装得很好。要知道,这类战争最糟糕的地方就在于难辨敌我。外表、语言、穿着都无法区分双方,毕竟我们遵循同样的律法,在同样的风俗和环境中长大。因此,想避免混同、误认,实属不易。要是在没人认识自己的地方撞见我方军队,我甚至会感到害怕,这意味着我不得不报上名来,然后只能听天由命了。曾发生过一次这样的事:我严重失策,没分清敌我,连人带马被敌军抓获。

---

1. 即皮埃尔·德·蒙田(Pierre de Montaigne)。——译者

他们残忍地杀害了我的一名贴身侍从，其中还有一位年轻的意大利贵族，他是在我的悉心照料下长大的，原本前途无量，却在这么美好的年华陨灭。

他生前总是战战兢兢，几近发狂。我注意到，每当遇到骑马经过的人，或者走进拥戴国王的城镇，他都吓得面如死灰。我猜这是良知引起的不安。这可怜的孩子是怕人家透过面具和外衣上的十字读出他内心隐秘的企图。良知的作用真是不可思议！它能让我们暴露自己、责怪自己，让我们的内心激烈挣扎。即便没有旁人在场，它也能引导我们自我审视：

心灵的刽子手，用看不见的鞭子抽打着我们。[1]

下面是一则孩子间口口相传的故事：培奥尼亚人贝苏斯被人指控蓄意捣毁一个鸟巢，导致里面的鸟儿尽数惨死，而他却毫无内疚之情。他声称自己这么做理由充分，因为这些鸟儿叽叽喳喳个不停，

---

1. 尤维纳利斯：《讽刺诗》，第13首第195行，蒙田引用时略有改动。

说他谋害自己的亲生父亲。这桩弑父案本无人知晓，他本该默默赎罪、忏悔，谁知良心难安引发的狂怒却使罪行浮出水面[1]。

赫西俄德纠正柏拉图的说法，认为惩罚不是"紧随"着罪恶产生的，而是两者同时产生。等待惩罚本身就是在受惩罚。等待惩罚的人本就该受惩罚。恶行让作恶者备受煎熬：

用心险恶之人殃及自身最多[2]，

恰如黄蜂蜇伤他人，却自损更多，因为它永远失去了刺和力量。

伤人的同时，赔上了性命。[3]

自然界充满矛盾。斑蝥虽分泌毒素，但体内某个地方也蕴藏着解药。同样，罪恶让人体验到快感

---

1. 见普鲁塔克：《道德论丛》，"论天网恢恢之迟延"一章。
2. 格利乌斯：《阿提卡之夜》，第4卷第5章；同见伊拉斯谟：《格言集》，第114条。
3. 维吉尔：《农事诗》，第4卷第238行。

的同时，良知会引发一种对应的痛苦。想象着可能遭受的惩罚，那些可怕的画面时刻折磨着我们，无论睡着还是醒着。

> *许多罪人都是在睡梦中*
> *或在疾病产生的幻觉中呓语不休*
> *道出了隐藏已久的罪行。*[1]

阿波罗多洛斯梦见自己被斯基泰人活剥皮后放进锅里烹煮，与此同时他的心低诉道："你遭受的所有痛苦都因我而起。"坏人没有藏身之处，伊壁鸠鲁说，无论躲到哪里都不得安宁，良知会让他们不停暴露在自己面前[2]。

> *最严酷的惩罚莫过于*
> *审判自己时不能赦免。*[3]

良知虽让我们心生畏惧，却也能使人镇定、给

---

1. 卢克莱修：《物性论》，第5卷第1157—1159行。
2. 普鲁塔克：《道德论丛》，"论天网恢恢之迟延"一章。
3. 尤维纳利斯：《讽刺诗》，第13首第2—3行。

人信心。我敢说有好几次在危难关头，我的步伐反而变得更加坚定，因为我知道自己坦荡磊落、没有丝毫险恶的用心。

良知最清楚我们做过什么
会据此宣判我们该心怀恐惧还是希望。[1]

这样的事例不计其数，我们就援引同一人物的三件逸事好了。

西庇阿曾在罗马人民面前面临一项严重的指控，可他既不辩解也不讨好法官，而是说："很好，你们现在要审判的人，当初正是因为他，你们才拥有了审判所有罗马人的权利。"

还有一次，面对护民官的非难，他不为自己辩护，只是回答说："亲爱的公民们，让我们一起去敬奉神祇吧！就是在这样一个日子里，他们曾保佑我战胜了迦太基人。"言毕，他大踏步向神庙走去，所有人，连同刚刚指控他的人一起跟在他身后。

佩提利乌斯受老加图挑唆，责问西庇阿在安条

---

1. 奥维德：《岁时记》，第1卷第485—486行。

克是否曾挥霍军费。西庇阿闻讯赶来,从长袍下拿出账簿示众,说里面如实记载了收支。可当有人提出要他把账簿当作证据移交法庭时,他严词拒绝了,说这样做无异于自取其辱,并当着元老院的面,亲手把账簿撕成碎片。我不相信一颗焦灼的心可以伪装得这般镇定。蒂托·李维说他天生胸怀广阔、一向鸿运高照,绝不可能像个犯人一样卑躬屈膝来自证清白[1]。

严刑拷打是一种危险的手段,与其说能查出真相,不如说是在考验耐力。无论能否忍受酷刑,犯人都可以隐藏真相。为什么痛苦就一定会让我招供,而不是迫使我说谎呢?或者反过来想,如果有人是被冤枉的,却经受住了这种折磨,那么,凭什么做了坏事的人却有可能经受不住,这难道不是后者应得的报应吗?

我认为这种手段能奏效的前提是良知依然能发挥作用。对罪犯来说,良知和刑罚会使他变得软弱、进而供认不讳;对无辜的人来说,良知则会让他变得坚强、从而不惧酷刑。但说真的,这种方法充满

1.《罗马史》,第38卷第52章;也见格利乌斯:《阿提卡之夜》,第4卷第18章。

了不确定性和风险。为了免遭非人的折磨,我们什么话说不出来?什么事做不出来?

痛苦迫使无辜者说谎。[1]

所以有时会发生这样的情况:法官用刑原本是希望不要有人含冤而死,结果无辜的嫌疑人却受尽折磨而死[2]。成千上万的人不得不做出虚假供述,而这些供词足以致他们于死地。我认为菲洛塔斯的遭遇就是一例,因为想到亚历山大指控他谋逆时的情形,以及后来他所遭受的酷刑[3]。

但不管怎么说,刑讯在人类出于自身弱点而发明出来的事物里,属于最不糟糕的一种了。依我看,真是毫无人性又毫无用处啊!很多被希腊人和罗马人称为"蛮族"的民族,在这件事情上可比他们文明多了。他们认为,尚未确定是否真的有罪,就把嫌犯折磨得死去活来,简直残忍又可怖。是你们没

---

1. 原为普布里乌斯·西鲁斯格言,后被胡安·路易斯·维维斯在《评述〈上帝之城〉》中引用。——译者
2. 圣奥古斯丁:《上帝之城》,第19卷第6章。
3. 昆图斯·库蒂乌斯·鲁弗斯:《亚历山大大帝的历史》。

调查清楚，他又能怎么办呢？不想无缘无故判他死刑，却对他做出比杀了他更可怕的事情，这就是你们主张的正义吗？不如这样：去看看有多少次，嫌犯宁可枉死，也不愿经受这个比直接判处死刑更可怕的审讯流程。这一过程如此残酷，往往还没进行到最终宣判，就已经把嫌犯处死了。

我不记得自己从哪儿听到的这个故事，它真实地展现了我们内心正义的良知：一名村妇在一位以处事公正著称的将军面前控告他的士兵，声称这名士兵从她家小孩手里抢走了最后一点粥。这是她仅剩的、用来喂养孩子的食物——这支军队早已把附近所有村庄劫掠一空。不过口说无凭，她手里没有任何证据。将军让她考虑清楚自己在说的话，若是有半句谎言，她就会因诬告而判罪。但她一口咬定。将军只好命人划开那名士兵的肚子来揭示真相：村妇说的确为实情。控罪成立。

➳ **论愤怒**

无论从哪个角度看,普鲁塔克都值得钦佩,尤其是他对人类行为做出评判时的精准。比较来库古[1]和努马[2]的那一章[3]真可谓妙趣横生,他在其中谈到,把孩子全权交给父亲看管这种想法十分幼稚。亚里士多德曾说,大部分社会都以独眼巨人的方式[4],让男性按自己的意愿管束妻儿,即使这种意愿常常是疯狂、轻率的妄念;可能只有斯巴达人和克利特人

---

1. 来库古(Lycurgus),斯巴达立法者、政治家。——译者
2. 努马(Numa Pompilius),萨宾贵族,罗马第二任国王。——译者
3. 参见普鲁塔克:《希腊罗马名人传》。——译者
4. 《奥德赛》第9卷中提到,在独眼巨人(Cylopes)的邦界,每名男子都是他的妻儿的律法。而这一段被亚里士多德在《尼各马可伦理学》第10卷中引用。——译者

才把儿童的教育写进律法[1]。谁还看不出国家的兴衰完全取决于教育呢？但我们只是把它托付给父母草草了事，殊不知他们可以失控、狠毒到什么程度。

别的先不提，单说有多少次走在街上时，我都想搞一出恶作剧来给遇到的小男孩出口气。他们被狂怒的父母打得鼻青脸肿，简直像要被生吞活剥似的。你甚至可以看见他们父母双眼冒火、怒不可遏的样子，

> 他们大动肝火，猛扑过去
> 仿佛山崩地裂之时，峰顶的岩石
> 顺着塌陷的坡面，直线坠落。[2]

（希波克拉底说，最危险的疾病莫过于让人脸扭曲变形的疾病[3]）——他们总是声嘶力竭地对一个刚刚断奶的幼儿大吼大叫。就这样，等到孩子们被打残了、打傻了，司法部门却对此视而不见，好像这些走路一瘸一拐的人不属于我们的社会一样：

---

1. 参见亚里士多德：《尼各马可伦理学》，第10卷第9章，1180a。
2. 尤维纳利斯：《讽刺诗》第6首，第647—649行。
3. 普鲁塔克：《道德论丛》，"论控制愤怒"一章。

若他能为国效劳、耕耘土地

能在战争或和平年代，贡献力量

那么，把他带给祖国和民众的你，就值得感谢![1]

没有哪种情感比愤怒更能搅乱判断的准确性了。如果法官仅凭怒火给嫌犯定罪，这样的法官无疑会被判处死刑。既然如此，为什么我们会允许盛怒之下的父亲或教员鞭笞、责罚孩子呢？这不是管教，而是报复。惩戒本该是开给孩子的良药，可我们能容忍对病人大发雷霆的医生吗？我们不该在动怒时抓着仆人不放，这才是明事理的做法。要是觉得心跳加速、情绪尚在，不如先缓一缓，等内心冷静、平复下来以后再看，事情的确会变得不一样。毕竟生气时，主导一切的是情绪，说话的也是情绪，而非我们自己。带着情绪看过失，过失会被放大，就像雾中看物一般并不真切。饥饿的人，可以饱餐一顿充饥；想要惩罚别人的人，却不该渴望这么做。

再者，经过衡量、慎重考虑后做出的处罚，既

---

1. 尤维纳利斯：《讽刺诗》第14首，第70—73行。

让人更容易接受，又能起到更好的效果。否则，被惩处的人会认为自己受到了不公正的对待，是被人一怒之下定罪的。为了自我辩护，他可以举出如下例证，说管教他的人举止已然十分怪异——怒火冲天、满嘴赌咒、焦躁、冒失、急促：

> 他怒容满面，血往上涌，
> 眼中闪烁着比蛇发女妖更炽烈的火焰。[1]

据苏埃托尼乌斯记载，萨图尔尼努斯曾被恺撒定罪。然而最终使前者赢得民众支持从而胜诉的关键因素，正是恺撒在裁决的过程中表现得太过粗暴且充满敌意。

说和做是两回事：应该把布道和布道者分开看。今天，那些仅凭列举牧师的罪状，就妄图撼动教会真理的人，确实打得一手好牌。但教会的法统不在于此。以这种方式论辩十分愚蠢，且很可能把所有事情混为一谈。品行端正的人也会有错误的观点；坏人，即便自己不信，也可能会宣扬真理。言行一

---

1. 奥维德：《爱经》，第3卷第503—504行。

致，无疑和谐而美好。我也不想否认，言辞若能有行动紧随其后，会显得得更权威、更有效。就像欧达米达斯听一位哲学家对战争夸夸其谈时评价的那样："说得漂亮，但说这些话的人不可信，他自己的耳朵都没听惯军号声。"而克里昂米尼，在听一位修辞学家对"英勇"发表了一番高谈阔论后，忍不住放声大笑。后者顿时羞愤难当，克里昂米尼告诉他："听一只燕子谈论勇敢，我会同样大笑不止，可若是一只雄鹰，我愿侧耳倾听。"[1]

我在古人的书中留意到，比起心口不一的人，直言不讳者总是更加振振有词、更令人无言以对。听西塞罗谈热爱自由，再听布鲁图斯谈同一话题，后者的文辞那么掷地有声，让人相信他愿意为自由献出生命。且听雄辩之父西塞罗探讨视死如归，再听塞涅卡关于这一主题的见解：前者的文辞冗长无力，给人的感觉是，他想说服别人去相信他自己都毫不相信的东西，且完全没有付出真情实感，因为他本来就没有。而后者却让人备受鼓舞、热血沸腾。

我要是读一本书，尤其是探讨美德和公职问题

---

1. 普鲁塔克：《道德论丛》，"斯巴达人的格言"一章。

的书，一定会好奇地探寻一下作者曾是怎样的人。斯巴达的五督政官若是看到荒淫之徒向民众提出切实可行的建议，就会勒令其住口，转而请一位高尚之士，以自己的名义，重新向民众发表这一建议[1]。

普鲁塔克的著作，若是细细品味，会向我们充分展现他本人的样貌。我自认为对他的了解已经深入到灵魂层面，因此我希望我们能对他的生平留下几份回忆。言及于此，我很乐意偏题几句，讲讲自己多么感激格利乌斯曾记下普鲁塔克生平的几件逸事，这也与我正探讨的愤怒这一主题相关。普鲁塔克有一个仆人，人品低劣、道德败坏，但颇听过一些哲学教诲。有一次他犯了错误，被主人下令剥光衣服责打。最开始，鞭子抽在他身上时，他低声抱怨，说自己根本没做错什么，被这样对待毫无道理可言；到了最后，他开始大喊大叫，故意咒骂他的主人，指责他远非他自己吹嘘的那样，根本算不上什么哲学家；又说常听他讲发怒是卑劣的，甚至见他专门就这点写过一本著作，结果现在却怒火中烧，下重手责罚自己，完全背离了书中的观点。对

---

1. 普鲁塔克:《道德论丛》，"论课堂的听讲"一章；格利乌斯:《阿提卡之夜》，第1卷第26章。

此，普鲁塔克不慌不忙地回应道："怎么，粗鄙的东西，你凭何断定我此刻正在发怒呢？我的表情、声音、神色、言语，有哪一点让你觉得我正情绪激昂吗？我没有目露凶光、没有脸色慌乱，更不曾发出可怕的叫喊。我脸红了吗？口沫横飞了吗？脱口说出什么会让自己后悔的话了吗？浑身战栗了吗？气得发抖了吗？告诉你，这些才是愤怒真正的标志。"随后他转向执鞭之人，说："继续打，他跟我争论时也不要停。"就是这样一个故事。

阿尔库塔斯曾在一场战役中担任总指挥官，战后归来却发现家中一片狼藉、田地也早已荒弃多时，这都是管家照看不周的结果。于是他把管家召来，说："你快走吧，要是我没动怒的话，准会好好揍你一顿的。"柏拉图也是，被一个奴隶惹怒之后，却称自己正在气头上，借故拒绝亲自动手，把惩罚他的任务交给斯珀西波斯。斯巴达国王查理劳斯被一个出言无状的白痴冲撞了之后说："看在神明的份儿上，要是我没生气的话，定会立刻下令处死你。"[1]

愤怒是一种本身就足以悦己、媚己的情感。我们有多少次在还没弄清真相之前就大发雷霆，在人

---

1. 普鲁塔克：《道德论丛》，"子女的教育"及"罗马人的格言"两章。

家有理有据地自证清白之后，依然又气又恼、不依不饶，罔顾事实真相和别人的清白。关于这一点，我记得古代有件逸事，是绝好的例证。讲的是近乎完人的皮索[1]，有次对自己部下一位士兵大动肝火，起因是这位士兵和同伴一起去割草料，却独自一人返还，并说不出把同伴留在何处。于是皮索认定是他谋杀了同伴，并下令即刻将他处死。结果就在人被押上绞刑架的时候，迷路的同伴赶了回来。全军上下顿时欢欣鼓舞。两人亲密拥抱过后，刽子手将二人一同带回到皮索面前，在场的所有人都以为皮索也会同样欣喜不已。但发生的事全然相反，他既羞愤又气恼，本就尚未平息的怒火反而加倍燃烧。盛怒之下，一阵邪念突然划过他的脑海：既然那名士兵被证明是无辜的，不如将他们三人全部定罪、全部处决：第一名士兵本就已经被下令处决；第二名士兵同样不能幸免，正是他的疏忽才造成同伴被冤杀；至于刽子手，由于没有执行好上级的命令，也不能留情[2]。

---

1. 盖乌斯·卡普尔尼乌斯皮索（Gnaeus Calpurnius Piso），古罗马政治家。——译者
2. 塞涅卡：《论愤怒》，第1卷第18章。

有过对付执拗女人的经验的人肯定知道，如果保持沉默、冷淡处理、不屑于助长她们的情绪，反而会在她们身上激起更大的怒火。演说家塞利乌斯生性易怒，有一次同一位素来绵言细语的朋友吃晚饭，为了不激怒塞利乌斯，这位朋友决定赞成他所有的观点，无论他说什么都点头称是。结果塞利乌斯忍无可忍，眼看着自己的怒火还没被点燃，就对朋友说："天啊！你倒是反驳我几句啊！这样我们才是两个人在谈话！"[1]同样，女人生气只是为了激发男人的怒火，这是在模仿爱情的法则。曾有人粗暴地咒骂福基翁，打断他的讲话，而福基翁见状只是沉默不言，任对方肆意发泄完怒火，而后对刚刚发生的纷乱闭口不提，接着原来的话继续讲下去。没有什么反驳比轻蔑更为尖锐有力。

我常常讲，法兰西最易怒的人（尽管这是一个缺点，但对于一名军人来说，往往情有可原，毕竟从事这个行当，被激怒是不可避免的事），据我所知，也是最有耐心、最懂得抑制怒气的人，尽管猛烈的怒火使他浑身颤抖——

---

1. 塞涅卡：《论愤怒》，第3卷第8章；普鲁塔克：《道德论丛》，"致未受教育的统治者"一章。

> 青铜器下，点燃柴火时的一声鸣响，
> 火焰劈劈啪啪地燃烧着，
> 水受热翻滚起来，继而沸腾，冒着泡溢出边沿，它再也不能控制自己，
> 于是一股黑烟缓缓升起。[1]

——他需要极力控制自己才能减轻怒火。而我，我不知道什么样的情感会让我付出这般努力才得以掩饰或经受。我不想为自持付出如此高昂的代价。比起他所做的事，我更在意他为没能做得更糟付出了什么。

我又想到另一个人，曾向我炫耀像他这般自制、温和的品性是举世无双的。我告诉他这的确很了不起，尤其是对他这种万众瞩目的卓越之才来说，总是能在外人面前和颜悦色着实不简单，但重要的是心里怎么想，面对自己时是否依然如此。依我看，为了维持表面上的平和、得体，内心深处却备受煎熬，这并不是真正约束好自己。恐怕他的情况正是这样。

---

1. 维吉尔：《埃涅阿斯纪》，第7章第462—466行。

越想掩盖怒火，它就越会深入肌理。德摩斯提尼害怕被人发现自己进了一家酒馆，于是不停往里退缩，第欧根尼说："你越往后退，就陷得越深！"[1] 我建议，要是仆人的举动不合时宜，那就干脆打他一记耳光，也总比内心不快却硬是维持表面克制要好。我主张把情感发泄出来，而不是一味隐藏起来、消耗自己。情感一旦暴露出来、表现出来，也就开始减弱，不再那么剧烈。所以当情感达到顶峰时，最好让它在体外爆发，而不是憋在心里，反倒伤及自身。"**有症状的弊病还不算严重，最危险的弊病恰恰隐藏在健康的外表之下。**"[2]

我提醒家中有权发火的成员注意：首先，要掌握好分寸，不要不顾一切大肆渲染情绪，这样发火收效甚微又没有分量。动辄大喊大叫一旦成为习惯，只会让别人更不在意。你发现仆人偷东西，就对他大动肝火，但这种场面他早已见过上百次，没洗净杯子时你这样、没摆好凳子时你也这样，因此他毫无感觉。其次，不要白白发火，要让惹怒你的人知道你是在对他们发火：经常是，他没在场的时候，

---

1. 伊拉斯谟译：《道德论丛》，第3卷，"第欧根尼"一章，第33节。
2. 塞涅卡：《劝慰书简》，第56论第10节。

你就开始大声叫骂,他离开后你依然喊个没完:

激愤到失智的地步,就开始咒骂自己。[1]

这就成了对自己的影子发火,并把一场情感风暴推向了没有人受到惩罚,甚至与任何人都无关的境地——除了那些不堪吵扰的人。

有些人在争吵中明明没有对手,却要摆出一副无所畏惧、咄咄逼人的架势来,这样的人我同样要斥责。把这大言不惭的样子留到有目标的时候再用吧:

正如公牛初战时

发出阵阵可怖的咆哮,

用角刺向树干,发泄怒火,

它对着空气猛顶、前蹄扬起沙尘,为战斗拉开序幕。[2]

我一旦发怒,情绪会格外剧烈,同时也会尽快

---

1. 克劳狄安:《驳欧特罗皮乌斯》,第1卷第237行。
2. 维吉尔:《埃涅阿斯纪》,第12卷第103—106行。

平息、尽可能不让旁人知道。我失控起来快而猛，却不乱，不会到放任自流、口不择言的地步，那样会使我忘记要把火力对准语言最能伤人的地方：毕竟，舌头通常是我唯一的武器。比起小场合，我的仆人们反而在大场合上更占便宜。因为小事总是不期而至，等于已经站在悬崖边上，谁再推一下并不重要，反正最后都是要跌落谷底的。下坠本身变得迫不及待。而遇上大事时，我则会心满意足地看到，所有人都在等着我发火，并认为这是理所应当的。可我偏要让他们失望，并以此为傲；我全身紧绷，准备好不被情绪主导。怒火在我脑海中打转，如果我听之任之，就会有全盘失控的危险。若是我能提前预料，就可以成功抑制这种冲动，无论它多么强烈，我都会轻松化解，并占据上风。可若是在我没注意的情况下，它忽然降临，一下攫住了我，无论是多么不值一提的缘由，都会让我不能自已。

于是，我跟那些会与我起争执的人商量说："要是我先情绪激动，你们感觉到了的话，无论对错，都让我尽情发泄出来，换作是我，我也会这么做的。"狂怒的风暴只有在双方同时动怒、互不相让的情况下才会被激发。把各自的情绪疏导出来，也就天下太平了。

这样的安排虽然有益，却很难执行。

有时为了当家理纪，我不得不做出要发怒的样子，尽管内心毫无波澜。年岁的增长使我变得更刻薄了些，但我力图不被这种趋势影响。从今以后，我想尽可能做到越是有理由不满、越想苛责他人时，就越要控制住自己。尽管曾经，在最平和、最包容的那类人中，我算是比较易怒、挑剔的一个。

再讲几句就结束这一篇。亚里士多德说，有时愤怒可以充当勇敢的武器。[1] 这话或许有道理，然而反对这一观点的人定会打趣说，这倒是一种新式武器：别的武器由我们摆弄，这种武器却摆弄我们；我们的手指挥不了它，反倒要受它指挥。是它掌控着我们，而非我们掌控它。

---

1. 亚里士多德：《尼各马可伦理学》，第3卷第8章，1167b。

论勇敢

我的经验是：一时心血来潮与养成坚定、恒久的习惯之间是有很大差别的。并且我发现没有什么事是我们做不到的，甚至包括超越神性，至少有人曾这么说[1]。能把自己修炼得如神明般不动声色，总比原地踏步要好。我觉得我们甚至可以把只属于上帝的决断和坚定注入人天性的软弱里。——这样的时刻忽隐忽现。看看古代英雄的生平，有时他们迸发出远超自然的力量，仿若奇迹闪现。但只能是"闪现"，很难相信心灵可以始终在这种崇高的境界里被浸润、被滋养；更别说让这种情形成为常态了。即

---

1. 塞涅卡：《论上帝》，第6章。

便我们天生软弱无能，也会偶尔被他人的演说和事迹激励，展现出超乎寻常的风采。但这种现象背后是一种激情在驱策、震荡着灵魂，使我们心醉神迷、超越自己。等这阵旋风吹过，不用想就知道，灵魂会松懈、消沉下来。就算还没彻底恢复原样，也至少不是刚刚的状态了。这时，我们又变得和普通人一样，看见一只死去的鸟儿或一盏打碎的酒杯，都会忍不住心烦意乱。

依我看，纵使是有缺陷的、虚弱无力的人也能做到大多数事情，但不包括守序、节制、坚毅。正因如此，智者说，要想公正地评价一个人，应该主要考察他平日里的言行，尤其是注意他每天都在做的事。

皮浪以"不可知"为基础，创立了一套相当有趣的学说。他也和所有真正的哲学家一样，力图做到知行合一。他认定人的判断是极不可靠的，所以我们既不该站队，也不该表露出明显的倾向。他希望我们永远悬置判断、保持中立，冷眼看待万事万物，接纳事物本身的样子。因此就有传闻说，他永远保持同一副面孔、同一种姿态。他一旦开口说话，即便听众离开，也不会就此停下来；他走在路上，遇到任何阻碍都不会绕开，多亏了朋友们的保护，他才没跌落悬崖、被马车撞倒或者发生其他什么意外。害怕或躲避某件事发生违背了他的主张，毕竟他认为凭感觉做出的任何判断都是不可靠的。有时他不小心被割破或是灼伤，也依然面不改色，眼睛都不眨一下。

让心灵想象一下这种事，已属不易；能够付诸实践，更是了得。虽说并非完全不可能，但能做到持之以恒，把此类超乎寻常的做法纳入日常生活的轨道，几乎可以说不可思议了。这也是为什么，有几次，有人撞见他在家与妹妹吵得不可开交，就责问他这样做岂非违背了置身事外的原则。他回击道："怎么？还轮得着用这小女子来检验我的修行吗？"还有一次，有人看见他正跟一条狗搏斗，他说："要人抛下一切是很难的，但我们义不容辞，并要时刻与事物做斗争，先是在行动层面，万不得已时，还要借助理性思考和逻辑推演的力量。"[1]

我要说的是大约七八年前的事了。两里地外[2]有一位农夫（现在还活着），他的妻子很爱吃醋，这让

---

1. 第欧根尼·拉尔修：《哲人言行录·皮浪传》，第9卷第12章。
2. 此处为法国古里，两古里约合现在八公里。——译者

他常年深受其扰。有一天他忙完农活回家,手里的柴刀还没来得及放下,妻子就像往常一样,对着他又是一顿大吵大闹。盛怒之下,他一刀割掉了自己那总让妻子妒火中烧的器官,劈头盖脸地朝她扔了过去。

还听人说我们这儿有一位多情、放浪的青年贵族,锲而不舍地追求一位美艳的女郎,终于打动了[1]她的芳心。结果在即将云雨之时,绝望地发现疲软无力的正是自己:

> 毫无男子气概,
> 他的性器抬起年老无力的头。[2]

他一回到家,就立刻把它割下并丢弃,以这残酷而血淋淋的牺牲品为祭,荡涤他所犯下的罪过。此举若是像库柏勒的祭司一般,是深思熟虑、忠于信仰的结果,这种崇高的行为怎容我们置喙?

---

1. 此处"打动"一词,原文为 amollir(软化),与后文"疲软无力的正是自己"呼应,具有讽刺意味。——译者
2. 提布鲁斯:《论不举》。

这是几天前的事。在多尔多涅河上游、离我家五里远的贝尔热拉克有一位女士，她的丈夫生性阴郁易怒。在前一天晚上被丈夫毒打、虐待后，她决心以死来摆脱他的残暴。起床后，她照例与邻里问候了几句，交代好家事，然后挽着一位姐妹的手，径直走到桥上。辞别过后，她面无表情地跳了下去，没有任何异样，仿佛在玩闹一般，淹没在河水里。这件事情中最值得注意的是，这个念头在她的脑海中酝酿了整整一夜。

印度女人完全是另一回事：他们那儿的风俗是一夫多妻，最受宠爱的妻子要在丈夫死后陪葬。她们一生的追求就是胜过其他妻妾，最终赢得这一厚待。生前对丈夫无微不至的照顾，只为换来陪他一同赴死的权利：

> 火把落在焚尸的柴堆上，
> 妻妾们披头散发、一拥而上，
> 谁能赢得这场虔诚的争斗，谁就配追随丈夫而死，
> 没能获得赴死的资格是一种耻辱。
> 只见胜利者面朝烈焰，纵身跳入火中，

燃烧的红唇亲吻丈夫的尸身。[1]

直到今天,还有人记载自己曾在这些东方国家目睹过上述习俗,还说丈夫死后,要殉葬的除妻妾之外,还包括他生前宠幸过的奴仆。具体过程如下:丈夫身后,遗孀如果愿意(事实上极少有人愿意),可以请求获得两三个月的宽限,在这段时间里她可以安排好自己的后事。等约定那天来临,她盛装上马,打扮得像新婚似的,一脸喜气洋洋。她说自己这样,左手拿着镜子,右手握着箭矢,就像是要去入洞房。场面一度盛大,在亲友和欢庆的人群的簇拥下游走一番后,她就会被送到仪式举行的地方——一片巨大的广场。广场中心有一口堆满木柴的深坑,旁边是一块四五级阶高的土堆。她被带到上面去饱餐一顿,然后开始跳舞、唱歌,等她认为时机合适,就命人前去点火。然后她从土堆上下来,拉起亡夫至亲的手,一同前往附近的河边。全身脱光以后,她把首饰和衣物分发给朋友,随后跳入水中,仿佛要洗去身上的罪孽。从河里上来,裹上一

---

1. 普罗佩提乌斯:《哀歌集》,第3卷第23首。

匹十四庹[1]长的黄布,她重新牵起这位至亲的手,回到刚刚的小土丘上去对众人讲话,如果她有孩子的话,要把孩子托付好。有人会主动在深坑和土堆之间遮起一道帷布,怕她看见那熊熊燃烧的烈火。——也有很多女人为了展现勇气,拒绝别人这么做。等该说的话都说完以后,会有一位女士端来一罐膏油,于是她接过罐子,把油涂在头上、涂满全身,然后把罐子扔进火中,随即纵身一跃,自己也跳进火里。这时围观的众人七手八脚地往火堆里扔柴火,为的是让她不要受苦,场面也由刚刚的喜悦转而变得悲怆。若是死者地位卑贱,就把他的尸身运到准备下葬的地方、使其保持坐姿,然后妻子跪在亡夫膝前紧紧抱着他一动不动,旁人会在他们周围砌起一堵墙,等砌到妻子肩膀那么高时,会有一位娘家人从身后拧断她的脖子,她断气后,立刻把墙筑高、封死,于是两人被合葬在里面。

同一国度的天衣派信徒[2]间也保有类似的风俗。他们这样做,既非遭人胁迫,亦非一时冲动,而是立誓严守教规。具体的做法是:如果上了年纪或身

---

1. 庹(brasse)为两臂伸平时的距离,约合五尺。——译者
2. 北印度耆那教分支,又称裸体派。——译者

染重病，他们会让人为自己架起一座柴堆，放上一张装饰好的木床。大宴宾朋后，就躺到上面去安然赴死。他们内心极为坚定，火点燃后，全身一动不动。卡拉诺斯就是这样，当着亚历山大全军的面，跳入圣火自焚的[1]。

这一派修行者认为，遍尝尘世的浮华之后，要是没有像这样，用烈火焚尽自身的罪孽、涤净灵魂的污垢之后再赴死，就不够神圣、就不是真福者。正是这种持续终生的远虑使神迹降临。无论我们在争论什么话题，总是免不了谈到命运。想要让即将发生的事符合某种特定的、强烈的意愿，就还是会回到那句古话："上帝预见会这样发生，毫无疑问，就该这样发生。"——对此，神学家解释道：对我们来说，看见（对上帝也一样，万物在上帝眼前，他无须预见，而是看见）事情发生，并不能迫使事情发生。甚至还应该说，事情发生，我们才能看见，事情不因我们看见而发生。事生知，而非知生事。我们看见要发生的事情终将发生，但也可能以另一种方式发生。上帝的先知中记录着事情发生的原因，

---

1. 普鲁塔克:《希腊罗马名人传》，第17篇第1章"亚历山大"。

有我们所谓"偶发的",也有有意为之的。后者取决于上帝赋予我们多少裁决的自由。他知道我们必会犯错,因为我们想要犯错。我见过不少民族以这种宿命观激励他们将士:毕竟,如果我们的死期已到,无论是敌人的射击,还是我们自身的勇气、逃避抑或胆怯,都不能提前或推迟这一时刻的降临。这话说起来好听,还是要看谁会真正去做。如果强烈、真切的信念能引发相应的行动,那么这种信仰在我们这个时代已经前所未有地式微,尽管谈论它的声音不绝于耳。

又或者说,信仰早就对行动不屑一顾,因此也不再需要付诸行动了。关于这一主题,伟大的见证者茹安维尔[1]在他的书中记载过,阿拉伯半岛上的贝都因人(圣路易曾在圣地与他们打过交道)十分虔诚,深信每个人时日多少早已注定、无可避免。因此上战场时,他们只用白布遮身,除了一柄土耳其短剑,什么也不带。他们对自己人动怒时,最恶毒的咒骂也无非是:"你跟用怕死武装自己的人一样该

---

[1]. 让·德·茹安维尔(Jean de Joinville),香槟贵族,路易九世的传记作者,著有《圣路易生平》路易九世封圣部程度上归功于茹安维尔对他生平的记述。故此处蒙田称之为"伟大的见证者"。——译者

死!"——这种证明自己信仰的方式的确与我们很不一样[1]。

还可以补充一例我们祖辈的故事:佛罗伦萨有两位修道士为一则科学问题争论不休,于是相约在民众的见证下于广场上自焚,以示捍卫各自观点的决心。一切都已准备就绪,可就在即将执行时,突发意外,这件事就只好中断了[2]。

眼看穆拉德二世与匈雅提·亚诺什之间的两场战争一触即发,一位年轻的土耳其贵族挺身而出,建立了赫赫战功。穆拉德二世见他还这么年轻且毫无经验(这是他初次参战),却展现出如此浩然英姿,便询问他是怎么做到的。他回答说,教会他英勇的至尊导师其实是只野兔:"有天,我在打猎时,发现一只野兔安卧在洞穴里。尽管我有两只凶猛的猎犬在侧,但要确保万无一失,最好还是再用上弓箭,正是千载难逢的机会。我一连射出四十箭,直到箭囊一空,却连它的边都没碰到一下,甚至没有把它惊醒。随后我放出猎犬,它们竟也无能为力。

---

1. 茹安维尔:《圣路易生平》,第30章。
2. 故事出自菲利普·德·科米纳:《回忆录》,第8卷第19章,这里的意外应该指降雨。——译者

我由此悟到了它正受命运的垂怜，同时明白了无论是箭矢还是利刃，能否伤人完全取决于天命，那不是人力所能推延或提前的。"

这则故事也向我们展示了人的理性有多灵活，它会根据不同的情景调整自己的理解。一位德高望重、博学多闻的长者，曾向我吹嘘自己的信仰因受到一种奇特的外在刺激而发生重大转变。这样的事总是难以令人信服，让我更想从反面加以解读：他称之为奇迹，我也是，但意思完全相反。

土耳其历史学家说他们国家的民众普遍相信生命长短皆有定数、非人力所能更改，这种信念使他们临危不惧。我知道有位伟大的君王，如果命运继续垂顾他的话，会从这种信仰中获益良多[1]。

在我的印象中，没有谁能比谋杀奥兰治亲王[2]的两名刺客展现出更令人钦佩的决心。尤其是第二位，看见前一位竭尽全力却刺杀失败、落得如此悲惨的

---

1. 这里指亨利四世。
2. 即威廉一世，又称沉默者威廉，被尊为荷兰国父，因反抗哈布斯堡王朝的统治而数次遭西班牙当局暗杀。这里讲述的是1582年3月18日他于安特卫普被一位青年枪击，未死；以及1584年7月10日，他于代夫特被刺杀身亡。——译者

下场后，是怎么被说动的呢，真是不可思议。要用同样的武器刺杀同一个人，冒着重蹈覆辙的风险，况且上次成功逃生后，亲王早就吸取教训，不会再掉以轻心。现在他身强体健，出入皆有亲友相伴。家中守卫森严、在城中又受到全体市民的拥戴。想刺杀这样的人，需要下手果决、需要有源源不断的勇气。枪支容易打偏也容易受到干扰。匕首则更为可靠，但更依赖手臂的灵活和力量[1]。他深知自己必死无疑，我不怀疑这一点。别人可以哄骗他，给他虚假的希望，然而一个沉着、明理的人断不会当真。他顺利完成任务，证明他既不缺乏上述资质，也不曾胆怯。

拥有如此强烈的信念，背后的动机往往多种多样，毕竟我们常常心血来潮，念头一闪就由不得我们了。

奥尔良附近发生的那场谋杀就完全是另一回事了[2]。这件事里偶然起到的作用远大于意志。要不是

---

1. 比起热兵器，蒙田更信赖冷兵器，在《论战马》一篇中亦有体现。——译者
2. 这里指1563年2月18日吉斯公爵弗朗索瓦·德·洛林被梅雷爵士让·德·波尔特罗暗杀。——译者

天意如此，那一枪本不会致命。骑在马上，远远地向另一个正快马加鞭的人开枪，这像是一个宁可刺杀失败也得成功脱身保命的人才能做出来的事。之后发生的一切证明了这一点。一想到自己成功刺杀了如此显赫的人物，他怔在原地，无限沉醉，几近神志不清，既不知该如何脱逃，也不知该如何组织语言应对审问。他当时在等什么？为什么不赶快过河回去向朋友求救？我在几次危机没这么严重的关头采取过这种方法，没什么风险。无论河有多宽，只要能让马找到容易下水的地方，人再根据水流判断从哪里上岸就好。相比之下，前一位[1]，当人对他宣读那份可怕的判决时，他说："早就准备好了，我的耐心让你们很吃惊吧。"

阿萨辛派是腓尼基的一个教派，在伊斯兰教徒中以极为虔诚和心地纯洁著称。他们认为若想死后升入天堂，最稳妥的办法就是杀死一个异教徒。因此他们不惧任何风险，只要能刺杀成功，牺牲自己也在所不惜，甚至经常能看到刺客独自一人或结

---

1. 指上一段提及的刺杀奥兰治亲王的刺客。——译者

伴深入敌军内部实施暗杀（这个词就源自他们的名字[1]）。我们的伯爵、的黎波里的雷蒙德二世就是在他自己的城市被这么杀害的。

---

[1] 阿萨辛派（les Assassins）和法语中刺客一词（assassin）相同。——译者

➤ **论睡眠**

理智要求我们始终沿着同一方向行进，但不必保持匀速。虽说智者不该被激情乱了方寸、偏离正途，但他可以在不影响履行职责的前提下，让情感自行选择加快还是放慢脚步，而不是像个巨人一样站在原地面无表情、一动不动。即便是再英勇、再高贵的人，上战场时也总比用晚餐时心跳得更剧烈，身体燥热，情绪激动，这些都是在所难免的事。正因如此，我才惊讶地发现，有时候，历史上那些最伟大的人物，在完成他们最伟大的事业时，竟也能保持气定神闲，绝不因此缩减自己的睡眠时间。

即将与大流士决战的那天早上，亚历山大大帝熟睡到正午。战争一触即发，帕曼纽不得不闯进他的房间，走到他床边，唤了两三声他的名字才把他叫醒[1]。

奥托皇帝决定自杀的当夜，先是吩咐下去家事，把积蓄分发给仆从，而后亲手磨利用来自刎的剑，只等着确认他的战友——平安而归，而这时他竟沉沉睡去，以至贴身仆人在房间外都能听见传来的鼾声。

这位皇帝的死与伟大的小加图之死有诸多相似之处，尤其体现在如下方面：小加图已经准备好自杀，但他还在等人来向他汇报被自己命令撤退的元老们是否已经离开乌提卡港。而这时他忽然昏睡过去，甚至在隔壁房间都能听见他熟睡时的呼吸声。他派去港口的属下回来时不得不叫醒他，汇报说海上风暴影响了元老们顺利出海。他又派出另一个人继续打探，随后回到床上躺好，再次睡去，直到这位属下回来跟他确认元老们已经启程。

此外，小加图的另一段经历与前文所述的亚历山大的故事亦有相似之处。我想提到的，正是喀提

---

1. 参见伊拉斯谟译：《道德论丛》，第6卷，"亚历山大大帝"一章，第64节。

林谋乱之际，保民官梅特卢斯试图颁布政令，召庞培的军队回城重整秩序的故事。梅特卢斯的这一策动为小加图带来了一场极为严重的政治风暴，因为后者是这项政令唯一的反对者，两人在元老院恶言相向，甚至相互威胁对方的人身安全。然而第二天，政令就要在广场上被正式宣布执行，梅特卢斯除了拥有民众和偏私庞培的恺撒的支持外，必有大量外邦奴隶和角斗士舍命相护，而小加图则除了他的坚持一无所有。后者的家人、仆从及许多正直之士为他忧心不已。有些人聚在一起，为小加图即将面临的风险担惊受怕，甚至到了整夜无眠、茶饭不思的地步。就连他的妻子和姐妹也忧心忡忡，终日在房间里以泪洗面。而他本人呢，却反过来安慰众人，并像往常一样用过晚膳就去就寝，一直睡到了第二天清早，被他的护民官同僚叫醒一起去面对这场唇枪舌剑的激辩。

如果我们能了解到此人在之后的人生中展现出了多么伟大的勇气，无疑可以做出如下判断：他拥有一颗无比高贵的心灵，远超一切，诸如此类的风波在他脑海中不过是寻常事件而已，不值得因此耗费更多心力。

在大败小庞培的那场西西里岛海战中,奥古斯都在即将奔赴战场时突然困意来袭,他的朋友们不得不将沉睡中的他唤醒来发布军事命令。这可给了马克·安东尼事后指责他的机会,说他都不愿睁眼看自己的军队排兵布阵,说要不是阿格里帕宣布了胜利的消息,他甚至不敢亲自面对士兵。

至于小马略,则表现得更为糟糕。在对战苏拉的最后一天,下完命令并宣布战争开始之后,他在树荫下休息时睡着了,他睡得太沉,溃败的士兵仓皇逃窜都没将他惊醒。至于交战过程,他更是一眼都没看见。据说这是操劳过度、睡眠不足导致的,情况极为严重,身体根本控制不住。

充足的睡眠是否是生命必不可少的条件?

关于这个话题,恐怕还要医生来断定。毕竟我们知道,被囚禁在罗马的马其顿国王珀尔修斯是被禁止睡觉而折磨致死的。可老普林尼也举出了许多不眠却能久活的例子[1]。

---

1. 参见老普林尼:《自然史》,第7卷第52章。

希罗多德的书中记载着,有些民族一年的时间里有一半在睡觉,而在另一半时间里醒着[1]。为贤哲埃庇米尼得斯作传的作者们说他一连沉睡了五十七年[2]。

---

1. 参见希罗多德:《历史》,第4卷第25章。
2. 第欧根尼·拉尔修:《哲人言行录·埃庇米尼得斯传》,第1卷第109章。

➳ 论年龄

我无法接受今人判定生命长度的方式。我发现历史上许多贤哲都不顾当时的普遍看法而选择提前结束自己的生命。小加图对那些想劝阻他自尽的人说："怎么？我都这把年纪了，别人还会怪我死得太早吗？"[1] 不过他那时才四十八岁。很少有人能活到这个岁数，在他看来，这已经称得上年事已高了。那些对（我也不知道该怎么说）万物"自然"消亡一直抱有幻想的人，总是认为只要能有幸躲过人生在世所不可避免的种种灾祸，自己便可以再多活几年。毕竟意外的发生会让生命戛然而止，从而把这种幻

---

1. 普鲁塔克：《希腊罗马名人传》，第18篇第2章"小加图"。

想彻底打破。

因年老体衰而自然死去，是最罕见也是概率最小的死法了，把这当作对自己生命终结之时的期许，是多么美好的想象啊！称之为"自然"死亡，像是在说摔断脖子、遇上海难溺死、染上瘟疫或胸膜炎就是"非自然"死亡似的；像是在说发生以上种种不测的可能性不存在于我们的日常生活中似的。可别把这种漂亮说辞当真：或许我们更该把那些一般性的、常见的、普遍会发生的事称为"自然"的。老死，是一种罕见的、特殊的、不同寻常的死法，因此比其他死法更不"自然"。它是一种最终极的死法，离我们越是遥远，就越不可及，是自然法则限定好的、我们无法跨越的边界。但若我们真能如此终老，便是自然罕见地使用特权照顾我们了。两三个世纪的漫长时光里，自然只会对个别幸运儿法外开恩，使他一生免遭诸多既定的曲折与磨难。

因此我的看法是，当我们活到一定岁数时，要想到极少有人像我们一样活到了这个岁数。人们往往无法抵达这么远的地方，更说明我们已经走了很远。且既然我们所拥有的生命长度超出了寻常的限度，就不该再奢望更多。已经躲过了那么多死劫，却看见其他人纷纷跌进不幸的旋涡，就该意识到，一种非凡的幸运始终在保佑着我们，这类超乎寻常的事不会持续得更久。

让人产生这样的妄念也是法律本身存在的弊病，好比它规定未满二十五岁的男性不得支配自己的财产，毕竟人到这个年纪才勉强能掌控自己的人生。奥古斯都宣布只要满三十岁便可以出任法官，这比罗马旧例降低了五年的限制。塞尔维乌斯·图利乌斯曾允许年过四十七岁的骑士免服兵役，奥古斯都将之调整至四十五岁[1]。依我看，让人在五十五岁或六十岁之前退休不太合理。我赞成为了公众利益，人应该尽可能久地工作，但另一方面，我发觉不让人尽早开始工作也是一种弊端。有人十九岁便成为世界的主宰[2]，却要别人年满三十才能拥有决定排水沟的建造位置的权利。

至于我，我认为，二十岁的时候，我们的心灵就基本定型了，能成就怎样的未来，也得以清晰展现。若是在这个年纪还看不出明显的资质，之后怕是更没机会。天生拥有美好的品德和卓越的实力，这

---

1. 苏埃托尼乌斯:《罗马十二帝王传》，第2章"奥古斯都"。
2. 指奥古斯都。

一时期往往已尽数显现,过了这一阶段则永无可能:

刚冒出头的刺不扎人,
以后就永远不会扎人。

多菲内人常这么说。

我所熟知的人类历史上的壮举,无论何种类型,无论发生在古代还是当代,在三十岁以前完成的要远远多于三十岁以后:是的,往往在同一个人的人生中也是如此。我可以确信无疑地说汉尼拔的人生便是一例,难道他的宿敌西庇阿就不是吗?他们人生的大半都活在年轻时取得的荣耀的光环里。伟人与旁人相比才显得伟大,而不是与曾经的自己。而我呢,我很确定过了这个年纪,无论精神状态还是身体状态,更多的是下降而非提升,是衰退而非精进。善于利用时间的人,有可能随着年龄的增长积累更多的知识和阅历;但活力、敏捷、坚定及其他种种更本质、更重要也更关键的品性则在不断消亡、不断衰败。

身体被岁月无情摧毁之时,

> 我们变得四肢绵软、体力不支
>
> 精神也会跟不上节奏,思维和表达也不再清晰。[1]

先向岁月低头的,有时是身体,有时是心灵。我见过相当多头脑比四肢、脾胃先开始衰弱的人。更何况,比起肢体,头脑的衰竭更不易被感知、征兆更不明显,所以更加危险。

正是基于这一点,我对我们的法律感到十分不满,不是因为它规定的退休时间太晚,而是因为它不允许我们更早开始工作。

在我看来,生命十分脆弱,日常生活中又充满未知的风险,就更不该把那么多时间花在生育、休闲、学业这类事情上了。

---

1. 卢克莱修:《物性论》,第3卷,第452—454行。

✈ 我们怎会对同一件事产生全然不同的反应

我们在历史书中读到,安提柯二世对儿子献上宿敌皮洛士的首级一事感到十分不满。虽说后者刚刚就是在与自己的对战中丧命的,但见到对方身首异处的场景,他还是忍不住痛哭流涕[1]。洛林公爵热内二世对勃艮第公爵"大胆"查理之死同样倍感痛惜,尽管才击败对方不久,仍然决定在其下葬之际前去哀悼。还有欧赖战役中,蒙特福伯爵战胜了布列塔尼公爵夏尔·德·布洛瓦,然而看见对手的尸体时,他的内心却感到哀痛欲绝。对于上述事例,倒不必急着惊叹说:

---

1. 普鲁塔克:《希腊罗马名人传》,第11篇第1章"皮洛士"。

> 就这样，灵魂总是以
> 相反的假面掩盖真实的情感，
> 我们时而神情愉悦，时而面带哀愁。[1]

史书记载，当埃及人将庞培的首级献给恺撒时，后者转过头去，像在躲避某种不光彩又惹人不快的场景[2]。曾经，他们一同治理国事、关系融洽；又无数次命运相系、互帮互助、结盟共进。所以，别以为这种举动像这位诗人描绘的那样，完全是假装：

> 现在，他终于可以
> 无忧地扮演仁慈的岳父了；表面上挤出几滴哀痛的眼泪实则发出阵阵喜悦的呻吟。[3]

诚然，生活中的大多数举动只是一层伪装、实非本心，但也得承认，我们总有一些时候是真诚的，

> 财产继承人的眼泪是掩盖欢笑的面具。[4]

---

1. 彼特拉克：十四行诗第82首。
2. 普鲁塔克：《希腊罗马名人传》，第17篇第2章"恺撒"。
3. 卢坎：《法萨里亚》，第9卷，第1037—1039行。
4. 原话出自普布里乌斯·西鲁斯，格利乌斯曾在《阿提卡之夜》第17卷第14章中引述。

不过，在判断此类事件时，我们要明白，人的心灵总是在被各式各样的情感左右。同样，常听人说，我们的身体里也聚集着多种多样的情绪，每个人的体质不同，其中哪一种在日常生活中影响我们最多，便真正主导着我们。因此，虽然心灵受到不同情感的影响，但终归会被最主要的一种支配。倒也不是说主导情感总会占据压倒性优势：人的内心易变又灵活，再微弱的情感也能偶尔收复失地，也有机会轮流坐庄。小孩子天真烂漫，总是凭心意行事，为同一件事一会儿哭、一会儿笑；而大人，就算即将踏上的是期待已久的旅途，谁敢说自己在与亲友离别之际不会心头一紧？就算没流下眼泪，至少也会脸色沉郁、面带哀愁地上路吧。名门闺秀即便深深坠入爱河，要让她离开母亲的怀抱，把自己终生交付给新郎，也得花费一番力气呢。不过新郎或许不这么想：

新娘们真的憎恶爱神吗？父母亲眷喜笑颜开，

　　她们却哭成那样，难道不是一种嘲弄？

　　进入婚房时泪如雨下的样子难道不是假装？

上帝啊，我发誓，她们的泪水绝非出自真心。[1]

所以说，有些人活着时，我们恨不得他早点儿死，死了我们却又想悼念，这也没什么好奇怪的。

训斥仆人时，我慷慨激昂，咒骂他的话都发自肺腑、一句不假。但等这股劲过去后，他要是找我帮忙，我依然乐意伸出援手。在我这儿，这一页就算掀过去了。我要是叫他"蠢货""懒鬼"，并不是要永远给他贴上这样的标签，更谈不上自相矛盾，认为之前称他是正派的好人那些话都不算数了。没有哪一种特质可以涵盖我们作为人的全部。要不是一个人喃喃自语会被人当成疯子，别人准能听见我天天低声咒骂自己说："真是个蠢货！"——但这并不能完全定义我。

若有人见我在妻子面前时而脸色冷峻、时而含情脉脉，就断定其中必有一种是假装的，那人一定奇蠢无比。尼禄企图制造意外淹死母亲，辞行时仍体会到诀别的愁绪，感到万般抵触、于心不忍。

据说阳光不是一种绵延、持续的光，而是一波

---

1. 卡图卢斯：诗第66首，《后发座》，第15行。

又一波地射向我们。它不停散发出新的光芒,浓密到肉眼无法辨别出间隙:

> 日悬中天,澄明、无尽的光之源
> 把天空灌溉得如此清澈,
> 连续散发着一束接一束的光芒。[1]

人的灵魂也是如此吧,会分别发射出不同的光,其间隙也往往令人难以察觉。

阿尔塔巴诺斯突然出现在侄子薛西斯面前,责备他的脸色怎么说变就变。其实后者正在思量,自己率领大军越过海列斯彭特海峡[2]远征希腊,具备多么雄厚的实力。看着成千上万的士兵在为自己效力,薛西斯先是激动得颤抖,脸上洋溢着喜悦的神情。然而就在同一时间,他忽然想到,眼前如此多的生命,百年之后都将变成骸骨。于是他眉头紧锁,难过得哭了起来[3]。

---

1. 卢克莱修:《物性论》,第5卷,第283—284行。
2. 今为达达尼尔海峡。——译者
3. 参见希罗多德:《历史》,第7卷第14节;瓦莱里乌斯·马克西姆斯:《善言懿行录》,第9卷第13章。

我们曾下定决心，要为遭受的不公一雪前耻，成功做到之后内心感到由衷地快乐，可现在我们却哭了。促使我们流泪的原因并不在事情本身，实际上什么也没有改变，只是换了一种视角后，事物往往呈现出另一种面貌。万事万物皆是如此，从不同的角度看，会闪烁着不同的光泽。亲情、故知、友谊占据着我们的回忆，让我们至今回味起来都感动不已。但往昔的轮廓总是转瞬即逝、让人难以捕捉：

> 没有什么比人的思绪更迅捷
> 产生一个念头，随后付诸实践。
> 思维的灵动，超过自然呈现
> 在我们眼前的一切。[1]

也正因如此，希望发生的事呈现出完整、统一的面貌，便是我们在自欺欺人了。泰摩利昂为他策划的这场深思熟虑的谋杀痛哭不已，既不是为了还给祖国的自由，也不是为了死去的僭主，他是在哭

---

[1] 卢克莱修：《物性论》，第3卷，第183—186行。

自己的哥哥。既然他已经履行完一部分义务,就让他去把剩下的那一部分也做完吧[1]。

---

1. 普鲁塔克:《希腊罗马名人传》,第7篇第1章"泰摩利昂"。——原注
   为了还给科林斯自由、终结暴政,泰摩利昂与朋友一起,在规劝未果后杀死了哥哥僭主泰摩法尼斯。之后,泰摩利昂远离公职,隐退长达二十年之久。——译者

图书在版编目(CIP)数据

论孤独 /(法)米歇尔·德·蒙田著;王元博译. —北京:商务印书馆,2023
(伟大的思想. 第二辑)
ISBN 978－7－100－22031－6

Ⅰ.①论… Ⅱ.①米… ②王… Ⅲ.①蒙田 (Montaigne, Michel Eyquem Seigneur de 1533-1592)—哲学思想—文集 Ⅳ.①B565.299-53

中国国家版本馆CIP数据核字(2023)第062214号

权利保留,侵权必究。

伟大的思想 第二辑
论 孤 独
〔法〕米歇尔·德·蒙田 著
王元博 译

商 务 印 书 馆 出 版
(北京王府井大街36号 邮政编码100710)
商 务 印 书 馆 发 行
山东临沂新华印刷物流
集团有限责任公司印刷
ISBN 978－7－100－22031－6

2023年9月第1版	开本 787×1092 1/32
2023年9月第1次印刷	印张 47

定价:260.00元(全十册)